?! 歴史漫画《れきしまんが》 タイムワープ シリーズ 通史編《つうしへん》 1

弥生時代《やよいじだい》へタイムワープ

マンガ：市川智茂《いちかわともしげ》／ストーリー：チーム・ガリレオ／監修《かんしゅう》：河合《かわい》 敦《あつし》

はじめに

弥生時代《やよいじだい》は、日本《にほん》に稲作《いなさく》が広《ひろ》まった時代《じだい》です。縄文時代《じょうもんじだい》の終《お》わりに九《きゅう》州《しゅう》北部《ほくぶ》に伝《つた》わった稲作《いなさく》は、短期間《たんきかん》に東北地方《とうほくちほう》まで広《ひろ》がりました。それまでの社会《しゃかい》は大《おお》きく変《か》わり、弥生時代《やよいじだい》が始《はじ》まったのです。

この時代《じだい》について、学校《がっこう》の授業《じゅぎょう》では、稲作《いなさく》の様子《ようす》や、稲作《いなさく》を始《はじ》めたことによってムラが生《う》まれ、それがやがて小《ちい》さなクニになっていくことなどを学習《がくしゅう》します。

今回《こんかい》のマンガでは、謎《なぞ》の少女《しょうじょ》ヒミコによって弥生時代《やよいじだい》に連《つ》れてこられたサラとダイゴのきょうだいが、イノシシに襲《おそ》われたり、ムラ同士《どうし》の争《あらそ》いに巻《ま》き込《こ》まれたりしながら、冒険《ぼうけん》を繰《く》り広《ひろ》げていきます。

サラやダイゴといっしょに、弥生時代《やよいじだい》の日本《にほん》を見《み》てみましょう！

監修者《かんしゅうしゃ》　河合《かわい》　敦《あつし》

今回《こんかい》のタイムワープの舞台《ぶたい》は…？

4万年前《まんねんまえ》
2万年前《まんねんまえ》
1万年前《まんねんまえ》
2000年前《ねんまえ》
1500年前《ねんまえ》
1400年前《ねんまえ》
1300年前《ねんまえ》
1200年前《ねんまえ》
1100年前《ねんまえ》
1000年前《ねんまえ》
900年前《ねんまえ》
800年前《ねんまえ》
700年前《ねんまえ》
600年前《ねんまえ》
500年前《ねんまえ》
400年前《ねんまえ》
300年前《ねんまえ》
200年前《ねんまえ》
100年前《ねんまえ》
50年前《ねんまえ》
先史時代《せんしじだい》
古代《こだい》
中世《ちゅうせい》
近世《きんせい》
近代《きんだい》
現代《げんだい》
旧石器時代《きゅうせっきじだい》
縄文時代《じょうもんじだい》
弥生時代《やよいじだい》
ココ!!
古墳時代《こふんじだい》／飛鳥時代《あすかじだい》
奈良時代《ならじだい》
平安時代《へいあんじだい》
鎌倉時代《かまくらじだい》
室町時代《むろまちじだい》
安土桃山時代《あづちももやまじだい》
江戸時代《えどじだい》
明治時代《めいじじだい》
大正時代《たいしょうじだい》
昭和時代《しょうわじだい》
平成時代《へいせいじだい》
令和時代《れいわじだい》
日本人《にほんじん》の祖先《そせん》が住《す》み着《つ》く
土器《どき》を作《つく》り始《はじ》める
貝塚《かいづか》が作《つく》られる
米作《こめづく》りが伝《つた》わる
大和朝廷《やまとちょうてい》が生《う》まれる
平城京《へいじょうきょう》が都《みやこ》になる
平安京《へいあんきょう》が都《みやこ》になる
モンゴル（元《げん》）軍《ぐん》が2度《ど》攻《せ》めてくる
室町幕府《むろまちばくふ》が開《ひら》かれる
金閣《きんかく》や銀閣《ぎんかく》がつくられる
江戸幕府《えどばくふ》が開《ひら》かれる
明治維新《めいじいしん》
大正《たいしょう》デモクラシー
太平洋戦争《たいへいようせんそう》
高度経済成長《こうどけいざいせいちょう》
米作《こめづく》りが広《ひろ》まる
巨大《きょだい》なお墓《はか》（古墳《こふん》）がつくられる
奈良《なら》の大仏《だいぶつ》がつくられる
華《はな》やかな貴族《きぞく》の時代《じだい》
鎌倉幕府《かまくらばくふ》が開《ひら》かれる（武士《ぶし》の時代《じだい》の始《はじ》まり）
戦国時代《せんごくじだい》
町人文化《ちょうにんぶんか》が盛《さか》んになる
文明開化《ぶんめいかいか》
現代《げんだい》

もくじ

歴史《れきし》なるほどメモ

教《おし》えて!! 河合先生《かわいせんせい》 弥生時代《やよいじだい》 おまけ話《ばなし》

登《と》《う》場《じょう》人《じん》物《ぶつ》

サラ

ダイゴのお姉《ねえ》ちゃん。
人一倍好奇心《ひといちばいこうきしん》が強《つよ》い、
いたずら好《ず》きな小学生《しょうがくせい》。
勉強《べんきょう》より運動《うんどう》が得意《とくい》で、
サッカー部《ぶ》ではエース。
弟思《おとうとおも》いで優《やさ》しいところもある。

ダイゴ

サラの弟《おとうと》。
頭《あたま》はいいが気《き》が弱《よわ》く、控《ひか》えめな性格《せいかく》。
じいからもらった歴史図鑑《れきしずかん》が友達《ともだち》。
いろいろな宝物《たからもの》を入《い》れたリュックを、
お守《まも》り代《が》わりにしょっている。

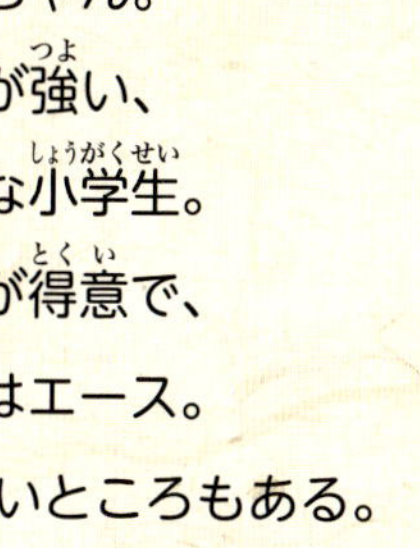

ニャン丸《まる》

サラとダイゴが飼《か》っているネコ。
いつもはのんびりしているが、
ときどき驚《おどろ》くべき行動《こうどう》をとる。

ヒミコ

弥生時代《やよいじだい》の女《おんな》の子《こ》。
とても不思議《ふしぎ》な力《ちから》を持《も》っている。
力《ちから》を発揮《はっき》するときは
ちょっと怖《こわ》い顔《かお》に……。

ユウ

弥生時代《やよいじだい》の小《ちい》さなムラ出身《しゅっしん》の男《おとこ》の子《こ》。
優《やさ》しくてお人《ひと》よしな性格《せいかく》で、
サラとダイゴを助《たす》けてくれる。

カオ

大陸《たいりく》から渡《わた》ってきた渡来人《とらいじん》。
弥生時代《やよいじだい》の日本人《にほんじん》より
いろいろな知識《ちしき》を
持《も》っている。
欲《よく》に目《め》がくらみやすく、
自分勝手《じぶんかって》なところがある。

じい

サラとダイゴのおじいさん。
歴史学者《れきしがくしゃ》。現在《げんざい》はもっぱら、
田舎《いなか》でコメ作《づく》りをしている。

ニン

カオと一緒《いっしょ》に大陸《たいりく》から渡《わた》ってきた渡来人《とらいじん》。
優《やさ》しくておっとりした性格《せいかく》。

1章《しょう》 弥生時代《やよいじだい》へ GO《ゴー》！

キャ～！
冷《つめ》たーい!!
最高《さいこう》───！
ダイゴ
ニャン丸《まる》
お姉《ねえ》ちゃん
用水路《ようすいろ》で遊《あそ》んじゃ
ダメだって
じいが言《い》ってたよ
バシャ
バシャ
聞《き》いてな～い！
バシャ
バシャ
お姉《ねえ》ちゃん
ってばー
ズル
わっ
ザッバーン!!
フギャー

わーん
あははっ 気《き》持《も》ちいー でしょ～
バシャ バシャ
んっ?
キラリ
ほよ?
えっ?
何《なに》これ? きれい…… お宝《たから》だわ!!

いいこと思《おも》いついた
ひょい
きゅっ
似合《にあ》うじゃん ニャン丸《まる》!
それは勾玉《まがたま》という 大昔《おおむかし》の アクセサリーだよ
そのデザインなら 弥生時代《やよいじだい》のものかな
じい
弥生時代《やよいじだい》とは 日本《にほん》でコメ作《づく》りを 中心《ちゅうしん》とした社会《しゃかい》が 始《はじ》まった時代《じだい》なんだよ
あっ そういえば じいにもらった 歴史図鑑《れきしずかん》で見《み》たよ!
そのリュックには 何《なん》でも 入《はい》ってますなぁ

今《いま》から2400～1800年前《ねんまえ》
「弥生時代《やよいじだい》」
勾玉《まがたま》
卑弥呼《ひみこ》
この辺《あた》りからは弥生時代《やよいじだい》のものがよく見《み》つかっているんだよ
その勾玉《まがたま》もしかしたら卑弥呼《ひみこ》のものかもしれんぞ
ヒミコって⁉
弥生時代《やよいじだい》に多《おお》くのクニ*をまとめていた女王《じょおう》だよ
わおっ女王《じょおう》！カッコイイ～！
よーし
弥生時代《やよいじだい》のお宝《たから》を探《さが》しにいくわよダイゴ‼
ええー？待《ま》ってよ～！
ははは気《き》をつけるんだぞ

*クニ＝国家《こっか》としてまとまる前《まえ》の、地域的《ちいきてき》な小集団《しょうしゅうだん》

お・
た・
か・
ら
ない
かな～？
うぅ……
もう
帰《かえ》ろうよ～
やだ～
ポワワーン
お
お姉《ねえ》ちゃん
ポケット
えっ？
ピカーッ
わっ

うぐっ……
えぐっ……
ひっくっ……
ヒミコ
何《なに》これ……!?
あ……あたちの勾玉《まがたま》……
えっ?

勾玉《まがたま》って
これのこと?
うん
うん
ってゆーか
何《なに》これ?
あんたどっから
出《で》てきてんのよ
新《あたら》しいアプリ?
あたちの
勾玉《まがたま》
返《かえ》ちて
ほちいの
きみの勾玉《まがたま》
だったの? これ
つーか
あんた
何者《なにもの》?
どっから
アクセス
してるのよ?
あたちは
……

あたちはヒミコ！
弥生《やよい》時代《じだい》にいるの!!
ニコッ
お願《ねが》い ここまで 返《かえ》ちにきて ほちいの
ええ〜っ!?
ヒミコって 弥生《やよい》時代《じだい》の 女王《じょおう》・卑弥呼《ひみこ》って こと〜!?
そんなわけ ないじゃん

弥生時代《やよいじだい》って大昔《おおむかし》なのよ
でもヒミコって……
ただのちびっ子《こ》だっチューの
しくしく
しくしく
……その勾玉《まがたま》がないとあたちのムラが大変《たいへん》なことになるの
大変《たいへん》って……
敵《てき》に攻《せ》められて仲間《なかま》がみんな殺《ころ》されちゃう……！

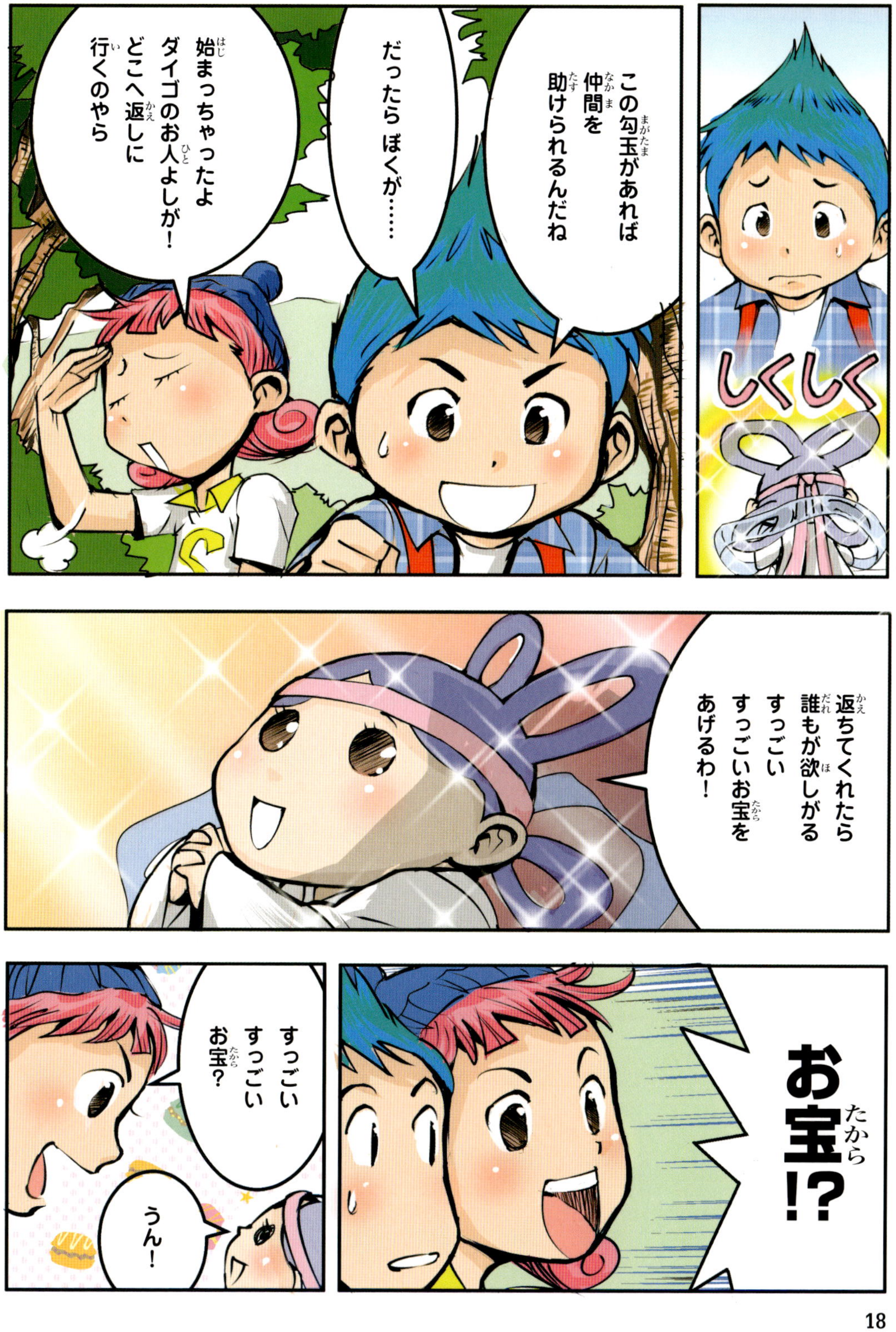
しくしく
この勾玉《まがたま》があれば
仲間《なかま》を
助《たす》けられるんだね
だったら ぼくが……
始《はじ》まっちゃったよ
ダイゴのお人《ひと》よしが！
どこへ返《かえ》しに
行《い》くのやら
返《かえ》してくれたら
誰《だれ》もが欲《ほ》しがる
すっごい
すっごいお宝《たから》を
あげるわ！
お宝《たから》!?
すっごい
すっごい
お宝《たから》？
うん！

しょうがない わたしも 勾玉返《まがたまかえ》すの 手伝《てつだ》ってあげる！
う…… うん
……でも問題《もんだい》は ヒミコちゃんのいる 弥生時代《やよいじだい》にどうやって 行《い》くかだね
大丈夫《だいじょうぶ》 それは あたちに まかせて
ゴオオオ

ギギゴゴゴゴゴ
弥生時代《やよいじだい》に
いらっしゃりませ〜!!
!?
ピカーーッ

じっ
地面《じめん》が
光《ひか》ってる……!?
ゴォオオオォ
うわあああぁー!?
フギャア～ア!!

「日本人《にほんじん》」が誕生《たんじょう》した旧石器時代《きゅうせっきじだい》

数万年前《すうまんねんまえ》、陸続《りくつづ》きだった日本列島《にほんれっとう》とユーラシア大陸《たいりく》

①日本列島《にほんれっとう》は大陸《たいりく》と陸続《りくつづ》きだった

今《いま》から6万《まん》～1万《まん》3千年前《ぜんねんまえ》、地球《ちきゅう》は今《いま》より最大《さいだい》で10℃も平均気温《へいきんきおん》が低《ひく》い氷河期《ひょうがき》を迎《むか》えていました。この時《とき》、北極《ほっきょく》の近《ちか》くの陸地《りくち》や南極《なんきょく》の近《ちか》くの海水《かいすい》が大量《たいりょう》に凍《こお》りました。その結果《けっか》、地球全体《ちきゅうぜんたい》の海面《かいめん》が下《さ》がり、海《うみ》の底《そこ》にあった地面《じめん》が陸地《りくち》として海上《かいじょう》に現《あらわ》れました。

この時代《じだい》の日本列島《にほんれっとう》も気温《きおん》の低下《ていか》に伴《ともな》って海岸線《かいがんせん》が変《か》わり、ユーラシア大陸《たいりく》と陸続《りくつづ》きになっていました。

②大陸《たいりく》から日本人《にほんじん》の祖先《そせん》がやってきた

今《いま》から4万《まん》～3万年前《まんねんまえ》、ユーラシア大陸《たいりく》と陸続《りくつづ》きになった日本列島《にほんれっとう》に、北方《ほっぽう》からはマンモスなどが、南方《なんぽう》からはゾウなどの大型動物《おおがたどうぶつ》が渡《わた》ってくるようになると、それを追《お》って人々《ひとびと》も渡《わた》ってきたようです。やがて彼《かれ》らは日本列島《にほんれっとう》に住《す》み始《はじ》めるようになりました。

この時代《じだい》の人々《ひとびと》は、石《いし》を打《う》ち割《わ》って加工《かこう》した打製石器《だせいせっき》や、動物《どうぶつ》の骨《ほね》や木《き》を削《けず》って作《つく》った道具《どうぐ》を主《おも》に使《つか》っていました。この頃《ころ》を旧石器時代《きゅうせっきじだい》といいます。

もの知りコラム

日本人《にほんじん》の祖先《そせん》はアフリカで誕生《たんじょう》した！

わたしたち人類《じんるい》は、サルの仲間《なかま》から進化《しんか》しました。現代人《げんだいじん》にもっとも近《ちか》いサルの1つがチンパンジーで、現代人《げんだいじん》のDNA《ディーエヌエイ》と比《くら》べると、90%以上《いじょう》が同《おな》じであるといわれています。

サルと人類《じんるい》との大《おお》きな違《ちが》いは、真《ま》っすぐに立《た》ち、二本足《にほんあし》で歩《ある》ける（二足歩行《にそくほこう》）かどうかです。

◆◆◆

現在発見《げんざいはっけん》されている最《もっと》も古《ふる》い人類《じんるい》は、今《いま》から約《やく》700万年前《まんねんまえ》のアフリカで誕生《たんじょう》したサヘラントロプスです。サヘラントロプスは、頭《あたま》の骨《ほね》の化石《かせき》の特徴《とくちょう》から、直立《ちょくりつ》して二足歩行《にそくほこう》していたと推測《すいそく》され、最初《さいしょ》の人類《じんるい》と認《みと》められました。

その後《ご》人類《じんるい》は、様々《さまざま》に進化《しんか》していきました。

◆◆◆

今《いま》から約《やく》16万年前《まんねんまえ》、現代《げんだい》の人類《じんるい》の直接《ちょくせつ》の祖先《そせん》、ホモ・サピエンスがアフリカで生《う》まれたとされます。そして今《いま》から約《やく》10万年前《まんねんまえ》、彼《かれ》らはアフリカ大陸《たいりく》を出発《しゅっぱつ》し、長《なが》い年月《ねんげつ》をかけて世界中《せかいじゅう》へと広《ひろ》がっていきました。つまり日本人《にほんじん》の祖先《そせん》は、アフリカで誕生《たんじょう》し、長《なが》い時間《じかん》をかけて日本《にほん》へたどりついたのです。

人類《じんるい》の仲間《なかま》たち

人類《じんるい》には、わたしたち現代人《げんだいじん》に進化《しんか》するまでに様々《さまざま》な種類《しゅるい》の仲間《なかま》がいました。

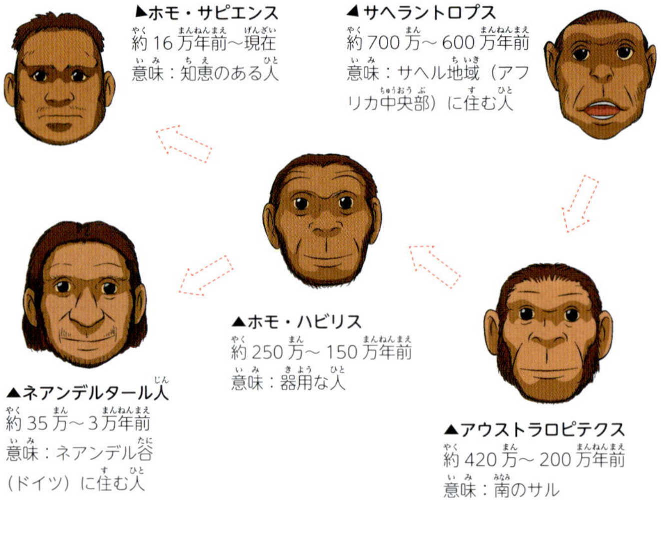
▲サヘラントロプス
約《やく》700万《まん》～600万年前《まんねんまえ》
意味《いみ》：サヘル地域《ちいき》（アフリカ中央部《ちゅうおうぶ》）に住《す》む人《ひと》
▲アウストラロピテクス
約《やく》420万《まん》～200万年前《まんねんまえ》
意味《いみ》：南《みなみ》のサル
▲ホモ・ハビリス
約《やく》250万《まん》～150万年前《まんねんまえ》
意味《いみ》：器用《きよう》な人《ひと》
▲ネアンデルタール人《じん》
約《やく》35万《まん》～3万年前《まんねんまえ》
意味《いみ》：ネアンデル谷《たに》（ドイツ）に住《す》む人《ひと》
▶ホモ・サピエンス
約《やく》16万年前《まんねんまえ》～現在《げんざい》
意味《いみ》：知恵《ちえ》のある人《ひと》

人類の仲間のイラスト：工藤ケン

約《やく》1万《まん》年《ねん》続《つづ》いた縄文《じょうもん》時代《じだい》

①日本列島《にほんれっとう》が完全《かんぜん》に切《き》り離《はな》された

今《いま》から1万数千年前《まんすうせんねんまえ》、氷河期《ひょうがき》が終《お》わって地球全体《ちきゅうぜんたい》が暖《あたた》かくなると、凍《こお》っていた陸地《りくち》や氷《こおり》がとけて海面《かいめん》が上《あ》がり、広範囲《こうはんい》の陸地《りくち》が海《うみ》に沈《しず》みました。この時日本《ときにほん》列島《れっとう》は完全《かんぜん》に大陸《たいりく》から切《き》り離《はな》されました。

気温《きおん》が高《たか》くなると、ゾウなどの大型動物《おおがたどうぶつ》は姿《すがた》を消《け》し、人々《ひとびと》の主《おも》な獲物《えもの》は動《うご》きの素早《すばや》いシカやイノシシなどの中《ちゅう》・小型動物《こがたどうぶつ》や魚介類《ぎょかいるい》に代《か》わりました。

②縄文時代《じょうもんじだい》のゆるキャラ？「土偶《どぐう》」

縄文時代《じょうもんじだい》には、弓矢《ゆみや》が発明《はつめい》され、石器《せっき》、土器《どき》など様々《さまざま》な道具《どうぐ》が作《つく》られました。この時代《じだい》の土器《どき》には、縄《なわ》を転《ころ》がしてつけた模様《もよう》のものが多《おお》かったため、縄文土《じょうもんど》器《き》と呼《よ》ばれています。これが、縄文時代《じょうもんじだい》という呼《よ》び名《な》の由来《ゆらい》になりました。

縄文時代《じょうもんじだい》には、人《ひと》の形《かたち》をした土人形《つちにんぎょう》である「土偶《どぐう》」も盛《さか》んに作《つく》られました。土偶《どぐう》には、女性《じょせい》をかたどったものが多《おお》く、収穫《しゅうかく》を祈《いの》る呪術《じゅじゅつ》に使《つか》われていたと考《かんが》えられています。

火焔型土器《かえんがたどき》
炎《ほのお》のような派手《はで》な装飾《そうしょく》の縄文土器《じょうもんどき》
十日町市博物館蔵

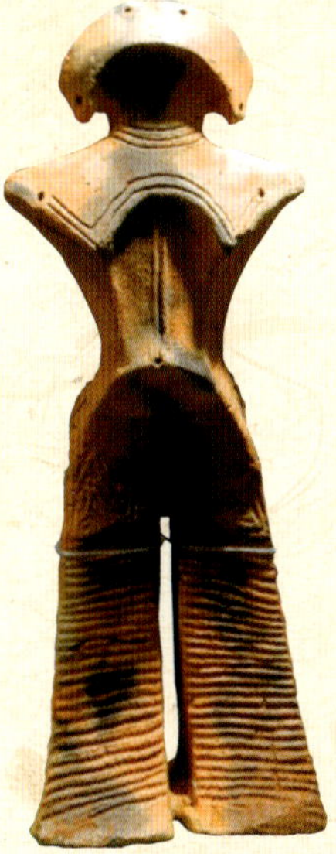

土偶《どぐう》
女《おんな》の人《ひと》をかたどったといわれている土偶《どぐう》
山形県立博物館蔵

もの知りコラム

縄文時代《じょうもんじだい》に巨大集落《きょだいしゅうらく》が出現《しゅつげん》！

縄文時代《じょうもんじだい》の人々《ひとびと》は、20～30人《にん》ぐらいで小《ちい》さな集落《しゅうらく》を作《つく》って生活《せいかつ》していたと考《かんが》えられています。人々《ひとびと》は、地面《じめん》を掘《ほ》り、その上《うえ》からカヤなどの屋根《やね》をつけた竪穴住居《たてあなじゅうきょ》に住《す》んでいました（→74、75ページ）。一般的《いっぱんてき》には、1つの集落《しゅうらく》に4～6軒《けん》くらいが立《た》っていたようです。

三内丸山遺跡《さんないまるやまいせき》のある場所《ばしょ》

◆◆◆

今《いま》から約《やく》5500～4千年前《せんねんまえ》の、縄文時代《じょうもんじだい》の前《ぜん》・中期《ちゅうき》には、とんでもなく巨大《きょだい》な集落《しゅうらく》があったことが発掘調査《はっくつちょうさ》でわかりました。青森県《あおもりけん》にある三内丸山遺跡《さんないまるやまいせき》です。

この遺跡《いせき》は、東京《とうきょう》ドーム9個分《こぶん》の広《ひろ》さがある巨大集落跡《きょだいしゅうらくあと》で、約《やく》500軒《けん》の住居跡《じゅうきょあと》が発掘《はっくつ》されました。ここには、最盛期《さいせいき》には500人《にん》ほどが住《す》んでいたと考《かんが》えられています。

◆◆◆

三内丸山《さんないまるやま》の集落《しゅうらく》に住《す》んでいた人々《ひとびと》は、高度《こうど》な建築技術《けんちくぎじゅつ》を持《も》ち、大規模《だいきぼ》な土木工事《どぼくこうじ》を計画的《けいかくてき》に行《おこな》っていました。ここには、下《した》の写真《しゃしん》のような、高《たか》さ約《やく》15mもある6本柱《ぼんばしら》の建造物《けんぞうぶつ》をはじめ、いくつもの大型建造物《おおがたけんぞうぶつ》が立《た》っていたことがわかっています。

◆◆◆

海《うみ》の近《ちか》くにある三内丸山《さんないまるやま》の地域《ちいき》では、魚《さかな》をとるのに適《てき》した入《い》り江《え》が発達《はったつ》していました。この地域《ちいき》の人々《ひとびと》は、釣《つ》りなどの漁業《ぎょぎょう》も盛《さか》んに行《おこな》っていたようで、三内丸山遺跡《さんないまるやまいせき》からは、タイやヒラメ、ブリなどの高級魚《こうきゅうぎょ》の骨《ほね》も発見《はっけん》されています。ほかにも、ノウサギやムササビ、カモなどの肉類《にくるい》、ヒョウタンやゴボウなどの野菜類《やさいるい》、クリ、クルミなどの木《き》の実《み》などを食《た》べていたこともわかっています。また、干物《ひもの》や塩漬《しおづ》けなど、一年中《いちねんじゅう》食《た》べ物《もの》が食《た》べられる工夫《くふう》もしていたようです。

三内丸山遺跡《さんないまるやまいせき》（青森県《あおもりけん》）にある、6本柱《ぼんばしら》の巨大《きょだい》な建造物《けんぞうぶつ》（復元《ふくげん》）

写真：朝日新聞社

2章《しょう》 弥生人《やよいじん》に 出会《であ》ったぞぉ！

……んっ？
う……浮《う》いてる？
ドサッ
スタッ
もう いったい何《なに》が起《お》こったのよ？
頭《あたま》がクラクラする～
あれ？
ここ さっきと様子《ようす》が違《ちが》くない？
え？

ケーン
ケーン
もしかして……
クー
クー
クー
大昔
本当《ほんとう》に弥生時代《やよいじだい》に来《き》ちゃったのぉー？
お姉《ねえ》ちゃん怖《こわ》いよ～
ニカ
何言《なにい》ってるのよダイゴ！わたしたちタイムワープしたのよ!!
こんなチャンスめったにないわ！楽《たの》しまなくてどーするの!?
ええ？
それにヒミコちゃん助《たす》けてあげたいんでしょ？ダイゴ

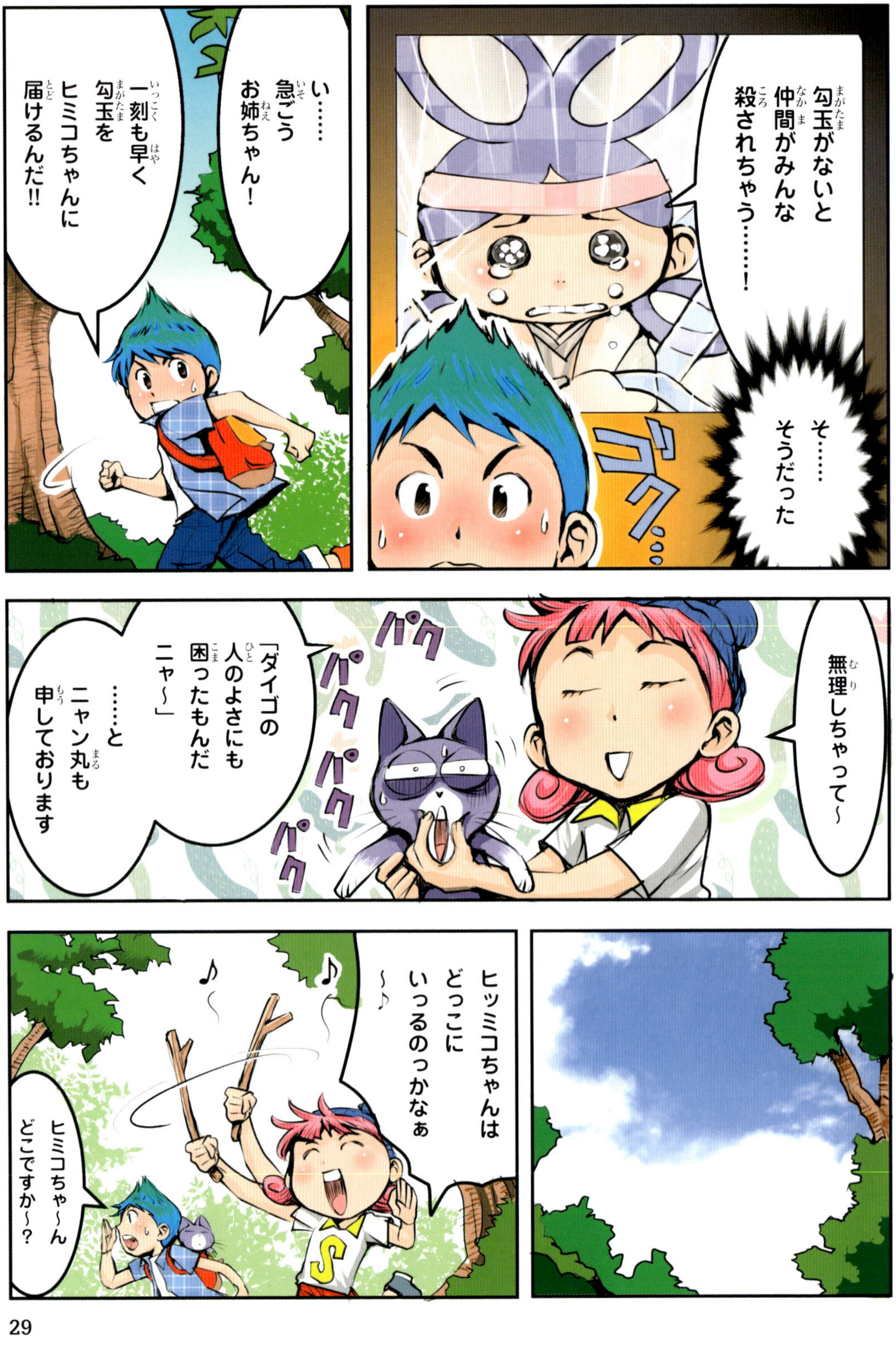

勾玉《まがたま》がないと仲間《なかま》がみんな殺《ころ》されちゃう……！
ゴク…
そ……そうだった
い……急《いそ》ごうお姉《ねえ》ちゃん！
一刻《いっこく》も早《はや》く勾玉《まがたま》をヒミコちゃんに届《とど》けるんだ!!
無理《むり》しちゃって～
パク パク パク パク
「ダイゴの人《ひと》のよさにも困《こま》ったもんだニャ～」
……とニャン丸《まる》も申《もう》しております
ヒッミコちゃんはどっこにいっるのっかなぁ～♪
♪ ♪
ヒミコちゃ～んどこですか～？

ガサ
ガサ
ヒッ!!
なっなっ
何《なん》か動《うご》いた!!
何《なん》かいるよ
お姉《ねえ》ちゃん!!
何《なん》か……!!
大声《おおごえ》出《だ》さない!
隠《かく》れるわよ
ダイゴ!
ドキ
ドキ
ガサ
弥生人《やよいじん》・ユウ

あの服装《ふくそう》に
弓矢《ゆみや》……
弥生人《やよいじん》だ!!
弥生人《やよいじん》って 案外《あんがい》
イケメンじゃない～?
バリッ
撃《う》たないで!!
わたしたち
怪《あや》しい者《もの》じゃ
ありません……
落《お》とし物《もの》を
届《とど》けにやってきた
心《こころ》やさしい
姉弟《きょうだい》です

さっきは失礼《しつれい》しました
おふたりは渡来人《とらいじん》っスか?
渡来人《とらいじん》ってこの時代《じだい》に海《うみ》の向《む》こうから来《き》た外国人《がいこくじん》のことだよ
図鑑情報《ずかんじょうほう》ね オッケー
そうですの わたしたち渡来人《とらいじん》ですのよ うふっ♡
おいら ユウっス! お会《あ》いできて光栄《こうえい》っス!!
わたしはサラで こっちが弟《おとうと》のダイゴですの♡
おほほ
ですの?
渡来人《とらいじん》は
やっぱ物腰《ものごし》が洗練《せんれん》されてるっスね 勉強《べんきょう》になるっス!

洗練《せんれん》された レディーだなんて もう……うふふ♡
ひょっとして 狩《か》りの最中《さいちゅう》 だったの？
はい！
これから向《む》かう 大《おお》きなムラに 持《も》っていく手土産《てみやげ》の ウサギを 探《さが》してたんス
おいら ムラを代表《だいひょう》して コメ作《づく》りを習《なら》いにいく ところなんス！
たのんだぞー
ガンバレー
コメなんて そこらじゅうに いくらでも あるんじゃないの？
なっ…… 何《なに》言《い》ってるんスか!? コメはとっても 貴重《きちょう》なんスよ
うちのムラじゃ コメは少《すこ》ししか とれないんス
コメ作《づく》りは めちゃくちゃ 難《むずか》しいんスよ!!
ぐい
そうよね 大変《たいへん》よね
ねえ ユウ よかったら わたしたちも その大《おお》きいムラとやらに 連《つ》れてって くれないかしら？
そりゃもう ぜひ！

こんな山《やま》の中《なか》より人《ひと》がいっぱいいるところにヒミコちゃんもいると思《おも》うの
そうか!
ポッ
しばらくはワイルドな彼《かれ》と行動《こうどう》をともにしましょ♡
これもきっと神様《かみさま》のお導《みちび》きだわ♡
ぎゅるるるるる
あ……
何《なん》の音《おと》っスか?
ぎゅるるるるるるる
ご……ご心配《しんぱい》なくお姉《ねえ》ちゃんの腹《はら》の虫《むし》です
プル
プル
うそ……
どうしてこんな時《とき》に……

そ
そうか
腹《はら》が
すいてるっスね
コメはないけど
これ食《た》べてください!
これ
何《なに》?
ゆでた
シイの実《み》
っス
パク
激《げき》まず……
ユウは いつも
どんなもの
食《た》べてるの?
おいらの
ムラでは
森《もり》の中《なか》にある
木《き》の実《み》をよく
食《た》べているっスよ
シイの実《み》や
ドングリ
あとは山菜《さんさい》……
じゃあ
これなら
どうっスか?
ドングリを
すりつぶして
焼《や》いたものっス
パキ
う~ん
微妙《びみょう》に
おいしい
洗練《せんれん》された
レディーを演《えん》じる
はずだったのに……

ところでその動物《どうぶつ》……
丸焼《まるや》きとかにしたらおいしそうっスね
えっ?
!!
ニャッ……ニャン丸《まる》は食《た》べ物《もの》じゃないよ!
大事《だいじ》な友達《ともだち》なんだ!!
ニャニャニャニャ――
ポリポリ
そうスかぁ～残念《ざんねん》っス
狩《か》りで手《て》に入《はい》る動物《どうぶつ》の肉《にく》はごちそうなんス
イノシシやシカがとれたらムラのみんな大喜《おおよろこ》びっス
くんくん
ばっ
野《の》ウサギのウンコっス!!

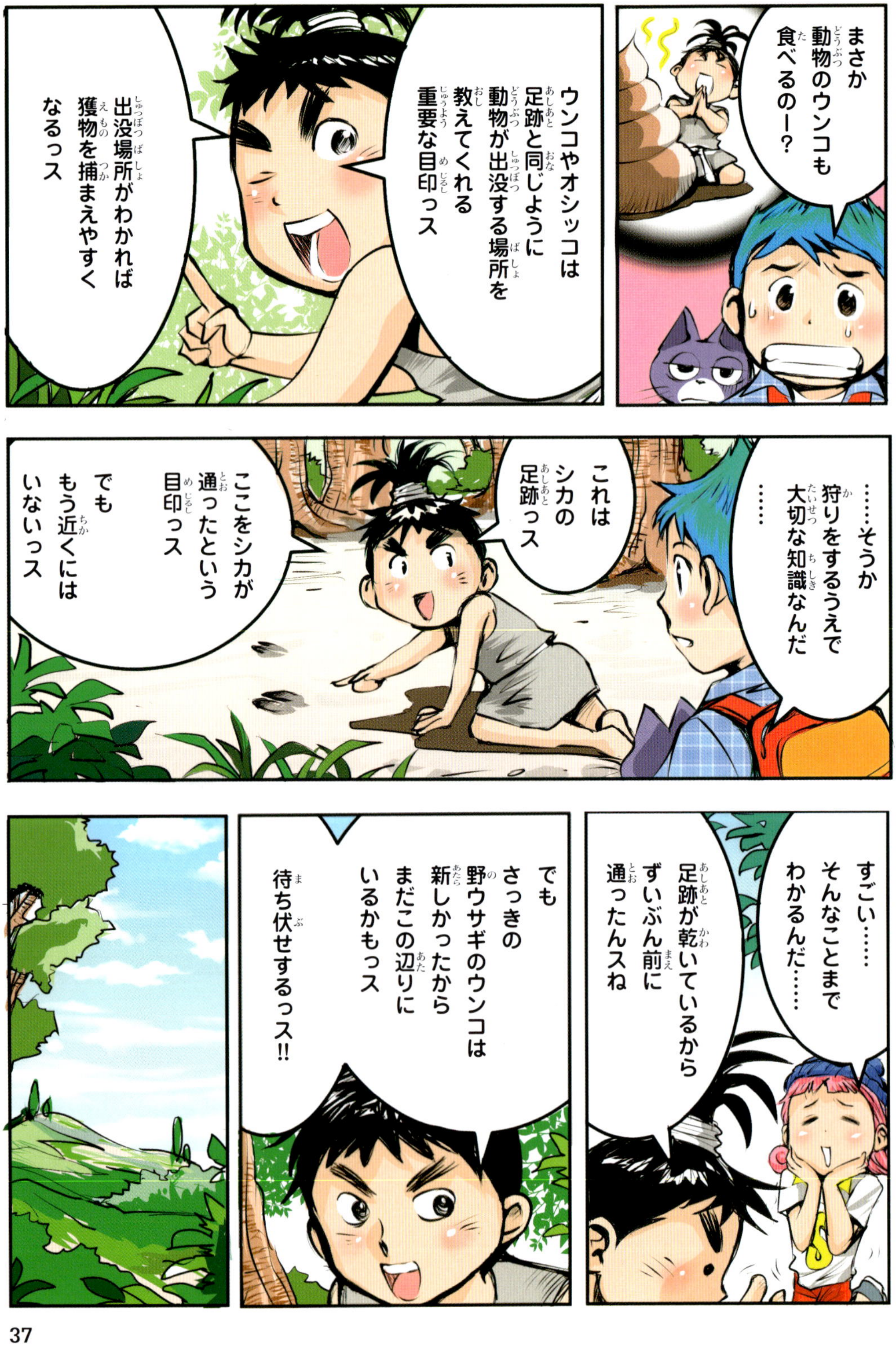
まさか 動物《どうぶつ》のウンコも 食《た》べるのー？
ウンコやオシッコは 足跡《あしあと》と同《おな》じように 動物《どうぶつ》が出没《しゅつぼつ》する場所《ばしょ》を 教《おし》えてくれる 重要《じゅうよう》な目印《めじるし》っス
出没場所《しゅつぼつばしょ》がわかれば 獲物《えもの》を捕《つか》まえやすく なるっス
……そうか 狩《か》りをするうえで 大切《たいせつ》な知識《ちしき》なんだ ……
これは シカの 足跡《あしあと》っス
ここをシカが 通《とお》ったという 目印《めじるし》っス
でも もう近《ちか》くには いないっス
すごい…… そんなことまで わかるんだ……
足跡《あしあと》が乾《かわ》いているから ずいぶん前《まえ》に 通《とお》ったんスね
でも さっきの 野《の》ウサギのウンコは 新《あたら》しかったから まだこの辺《あた》りに いるかもっス
待《ま》ち伏《ぶ》せするっス!!

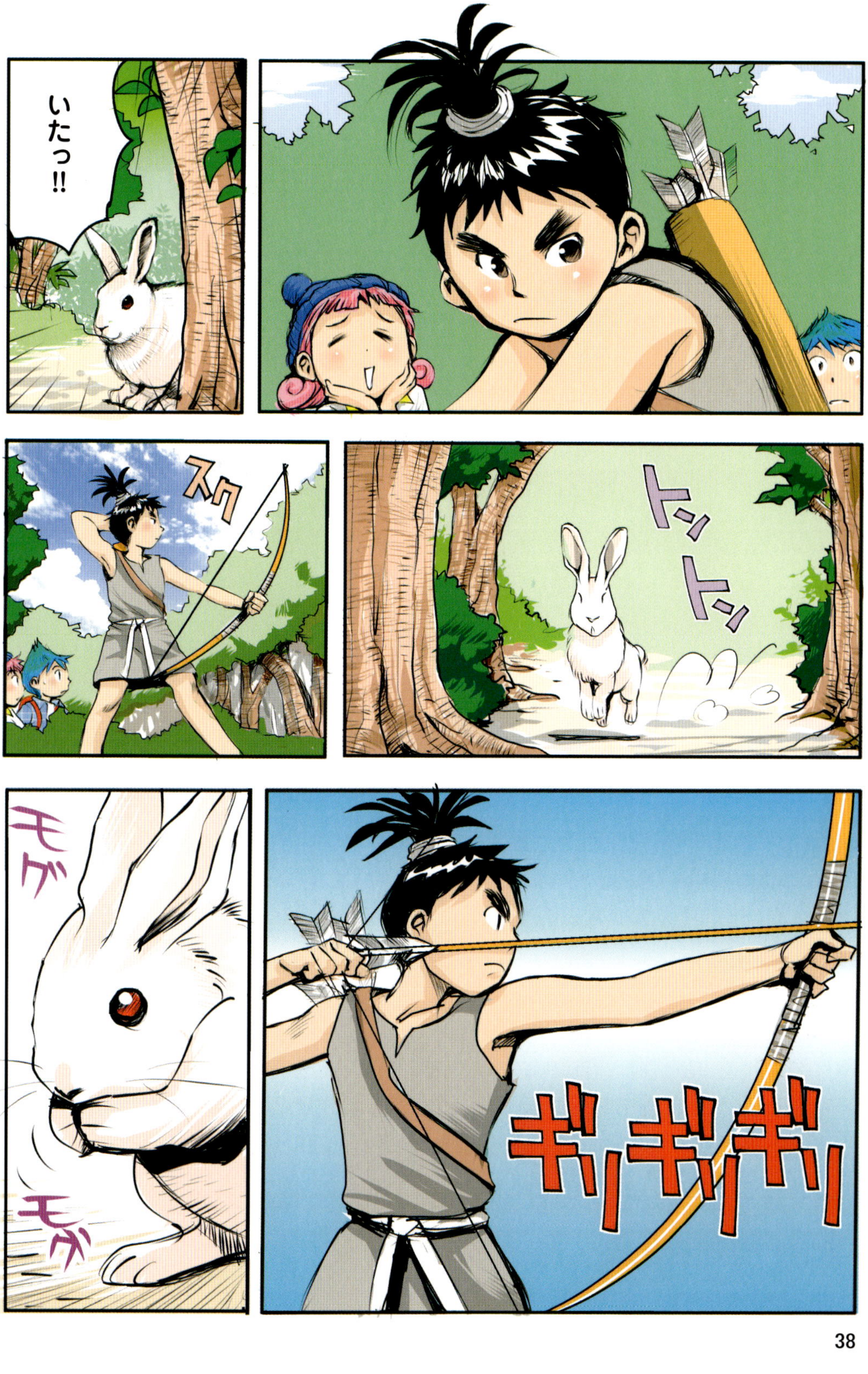

いたっ!!
スク
トットッ
モグ
モグ
ギリギリギリ

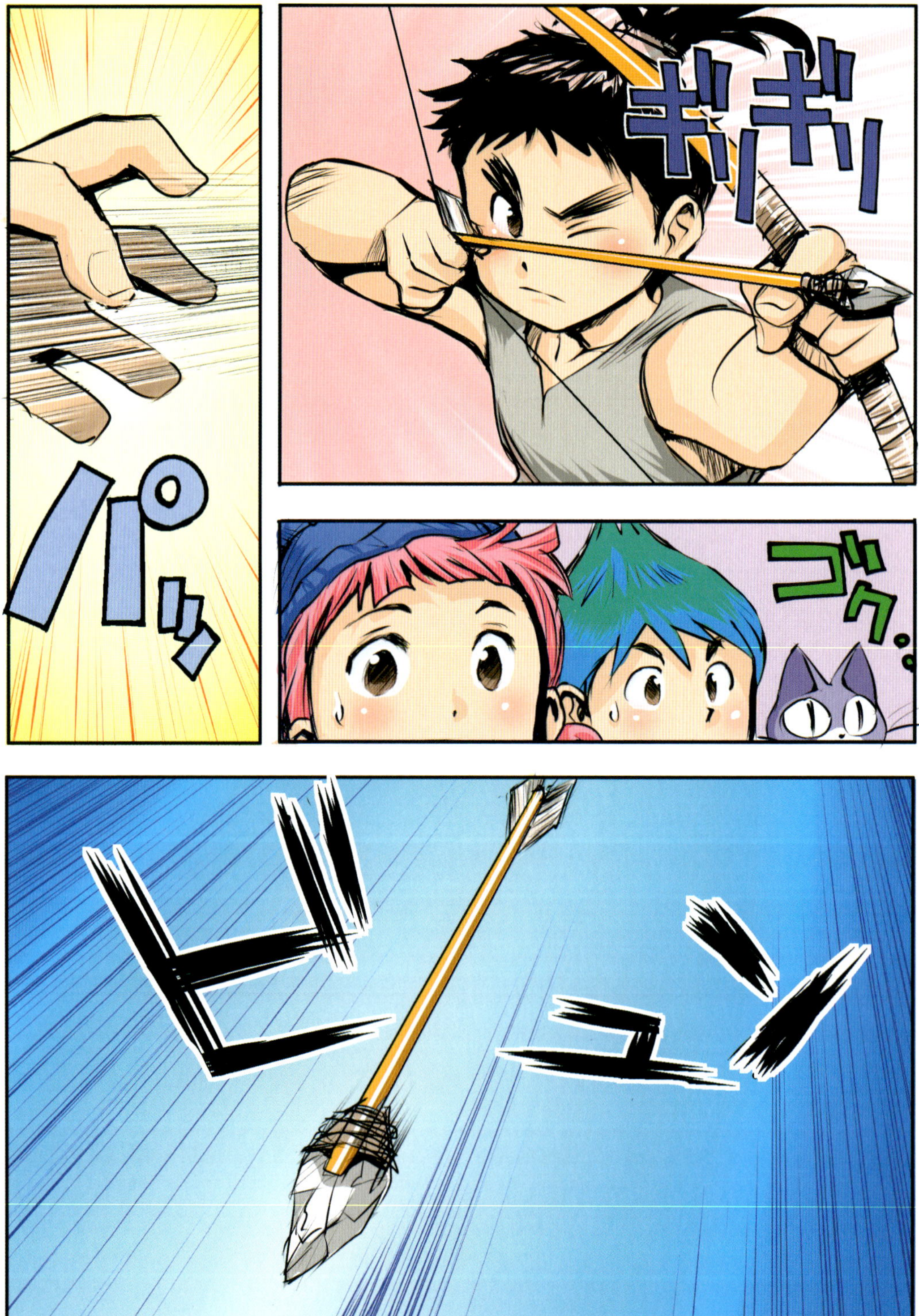
ギリギリ
パッ
ゴク…
ビュン

縄文時代《じょうもんじだい》から弥生時代《やよいじだい》へ

① 弥生時代《やよいじだい》の名前《なまえ》の由来《ゆらい》

1884（明治《めいじ》17）年《ねん》、東京《とうきょう》の本郷区《ほんごうく》向ケ岡《むこうがおか》弥生《やよい》町《ちょう》（東京都《とうきょうと》文京区《ぶんきょうく》弥生《やよい》）にある貝塚《かいづか》から、縄文土器《じょうもんどき》とは違《ちが》うタイプの土器《どき》が発見《はっけん》されました。この土器《どき》は、発見《はっけん》された地名《ちめい》にちなんで弥生土器《やよいどき》と名《な》づけられました。弥生時代《やよいじだい》という名前《なまえ》は、この弥生土器《やよいどき》が使《つか》われていた時代《じだい》ということに由来《ゆらい》しています。

② 水田稲作《すいでんいなさく》が広《ひろ》まった！

今《いま》から約《やく》3千年前《ぜんねんまえ》の縄文時代《じょうもんじだい》の終《お》わり頃《ごろ》に、アジア大陸《たいりく》から渡《わた》ってきた渡来人《とらいじん》たちによって、九州北部《きゅうしゅうほくぶ》に田《た》んぼ（水田《すいでん》）でコメを作《つく》る水田稲作《すいでんいなさく》の技術《ぎじゅつ》が伝《つた》えられました。安定《あんてい》した食料《しょくりょう》（コメ）が得《え》られる水田稲《すいでんいな》作《さく》は、弥生時代《やよいじだい》の人々《ひとびと》に大《おお》いに受《う》け入《い》れられ、やがて北海道《ほっかいどう》や沖縄《おきなわ》を除《のぞ》く日本列島各地《にほんれっとうかくち》に広《ひろ》まり根《ね》づいてきました。弥生時代《やよいじだい》は、日本列島《にほんれっとう》で本格的《ほんかくてき》に稲作《いなさく》が始《はじ》まった時代《じだい》なのです。

弥生土器《やよいどき》（千駄木貝塚出土《せんだぎかいづかしゅつど》）
シンプルで実用的《じつようてき》な形《かたち》の土器《どき》。
白《しろ》い部分《ぶぶん》は復元《ふくげん》。
文京ふるさと歴史館蔵

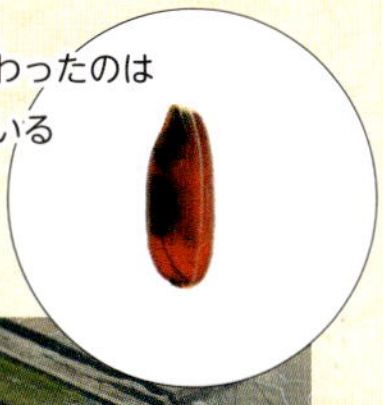

最初《さいしょ》に日本《にほん》に伝《つた》わったのは
赤米《あかまい》といわれている

弥生時代《やよいじだい》の水田跡《すいでんあと》
（安満遺跡《あまいせき》〈大阪府《おおさかふ》〉）

写真：ともに朝日新聞社

もの知《し》りコラム

稲作《いなさく》はどこから日本《にほん》に伝《つた》わったの？

もともと日本列島《にほんれっとう》には、イネはありませんでした。イネは、アジア大陸《たいりく》の中国《ちゅうごく》からインドにかけて自然《しぜん》に生《は》えていた植物《しょくぶつ》で、この地域《ちいき》に住《す》んでいた人々《ひとびと》によって稲作《いなさく》が始《はじ》まり、日本《にほん》に伝《つた》わったと考《かんが》えられています。

◆◆◆

最初《さいしょ》に稲作《いなさく》が日本《にほん》に伝《つた》わってきたルートには、次《つぎ》の3つの説《せつ》が考《かんが》えられています。

1、朝鮮半島《ちょうせんはんとう》を経由《けいゆ》して伝《つた》わった
2、中国《ちゅうごく》から直接伝《ちょくせつつた》わった
3、台湾《たいわん》など南《みなみ》の島《しま》を経由《けいゆ》して伝《つた》わった

このうち、1と2の説《せつ》が有力《ゆうりょく》だといわれていますが、まだはっきりとしたことはわかっていません。

◆◆◆

九州北部《きゅうしゅうほくぶ》から始《はじ》まった日本列島《にほんれっとう》の水田稲作《すいでんいなさく》は、弥生時代前《やよいじだいぜん》期《き》には本州《ほんしゅう》の最北部《さいほくぶ》まで広《ひろ》がりました。しかし、イネは、本《ほん》来暖《らいあたた》かい地域《ちいき》の植物《しょくぶつ》で、寒《さむ》い地域《ちいき》での栽培《さいばい》には向《む》いていませんでした。そのため、北海道《ほっかいどう》では水田稲作《すいでんいなさく》は行《おこな》われず、縄文《じょうもん》時代《じだい》のような狩猟採集《しゅりょうさいしゅう》の文化《ぶんか》が続《つづ》きました。

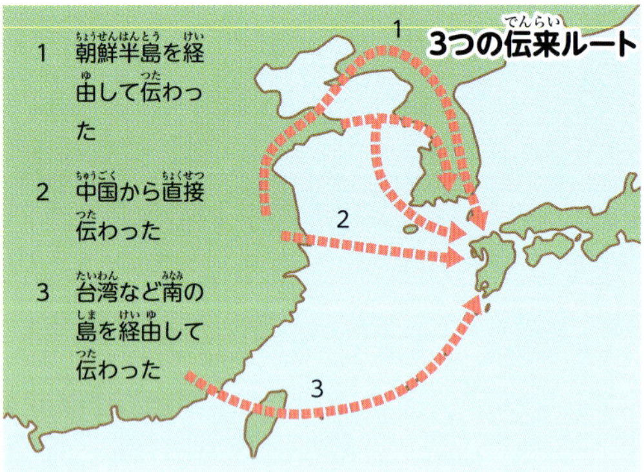

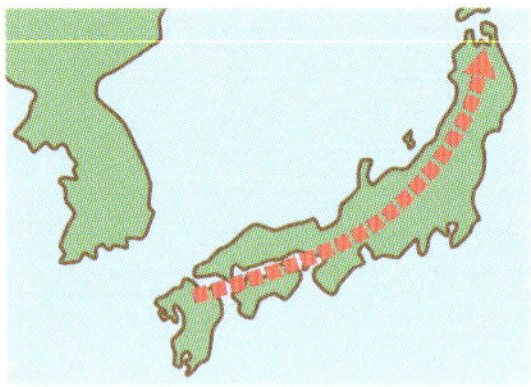

本州《ほんしゅう》の最北部《さいほくぶ》まで広《ひろ》まった

いつから弥生時代《やよいじだい》なの？

弥生時代《やよいじだい》の始《はじ》まりは、長《なが》い間《あいだ》、今《いま》から約《やく》2400年前《ねんまえ》だといわれていました。ところが、最新《さいしん》の科学技術《かがくぎじゅつ》を使《つか》って弥生時代《やよいじだい》の初《はじ》め頃《ごろ》に作《つく》られた土器《どき》を調《しら》べたところ、弥生時代《やよいじだい》は今《いま》から約《やく》2900年前《ねんまえ》に始《はじ》まったとする結果《けっか》が出《で》ました。ただし、調査結果《ちょうさけっか》についての疑問点《ぎもんてん》もあるため、弥生時代《やよいじだい》の始《はじ》まりはいつなのか、現在《げんざい》も検討《けんとう》されています。

3章《しょう》
イノシシから逃《に》げろ！

えぇぇぇえーっ!!
へたくそ〜っ!!
待《ま》てぇぇぇぇ――!!
ス!!
えっ?
き……消《き》えた!?

何《なん》で？
ダッッ
はぁ はぁ
うぅ…
落《お》とし穴《あな》？
た… た… 助《たす》…けて ……
くっくっくっ
ダン
うぅ ウサギに バカにされた

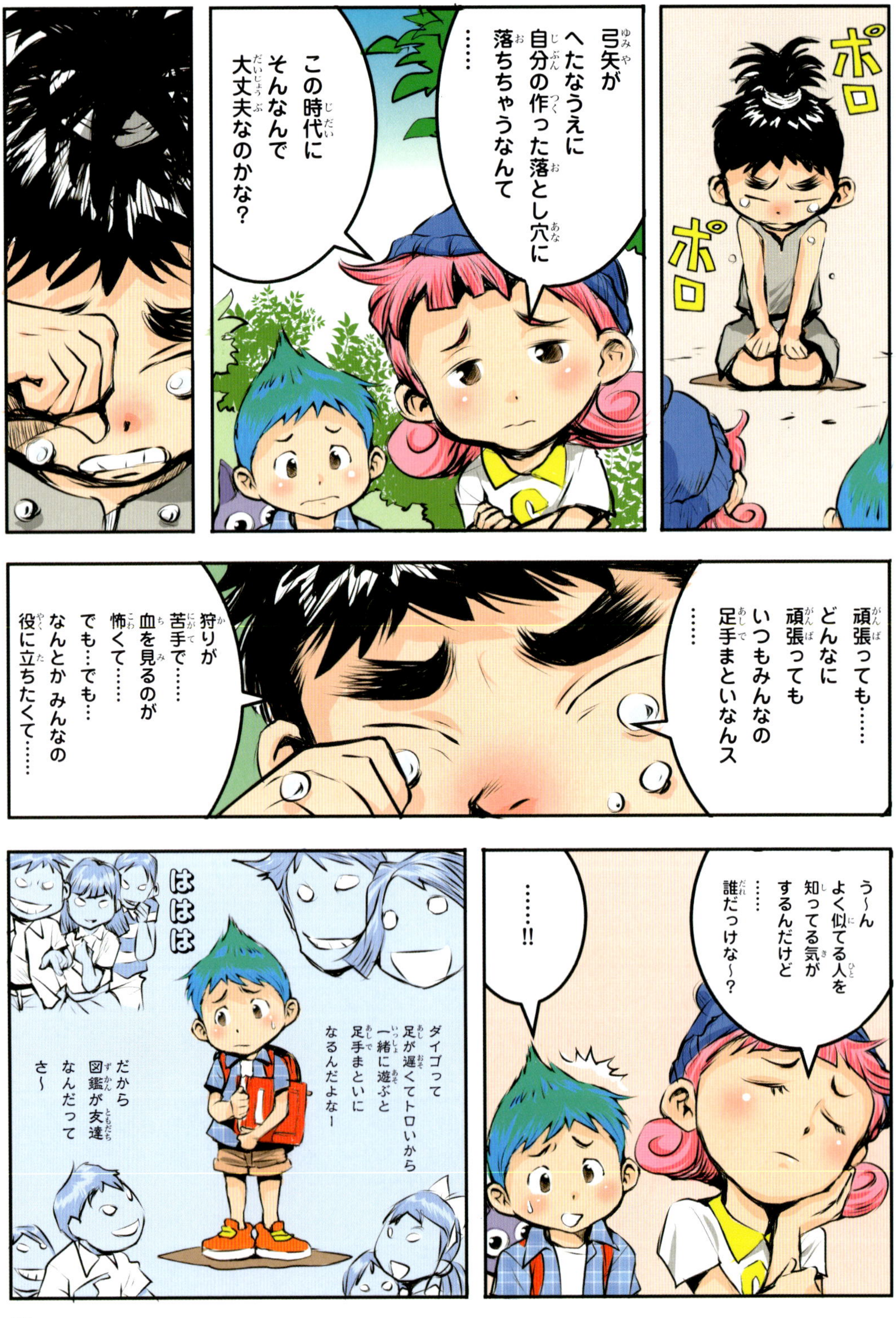
ポロ
ポロ
弓矢《ゆみや》が へたなうえに 自分《じぶん》の作《つく》った落《お》とし穴《あな》に 落《お》ちちゃうなんて……
この時代《じだい》に そんなんで 大丈夫《だいじょうぶ》なのかな?
頑張《がんば》っても…… どんなに 頑張《がんば》っても いつもみんなの 足手《あしで》まといなんス……
狩《か》りが 苦手《にがて》で…… 血《ち》を見るのが 怖《こわ》くて…… でも…でも… なんとか みんなの 役《やく》に立《た》ちたくて……
う～ん よく似《に》てる人《ひと》を 知《し》ってる気《き》が するんだけど…… 誰《だれ》だっけな～?
……!!
ははは
ダイゴって 足《あし》が遅《おそ》くてトロいから 一緒《いっしょ》に遊《あそ》ぶと 足手《あしで》まといに なるんだよな～
だから 図鑑《ずかん》が友達《ともだち》 なんだってさ～

ぼくだ! ぼくと似《に》てるんだ……!
ダイゴ 歴史《れきし》はおもしろいぞ
いろいろな人間《にんげん》の 血《ち》と汗《あせ》と涙《なみだ》の結晶《けっしょう》が 人類《じんるい》の歴史《れきし》なんだ
この中《なか》には いろいろな人《ひと》がいる 賢《かしこ》い人《ひと》もいるし ようりょうが悪《わる》い人《ひと》もいる… 立派《りっぱ》な人《ひと》もダメな人《ひと》も…… でも みんな必要《ひつよう》な人間《にんげん》なんだよ
誰《だれ》ひとり欠《か》けても この歴史《れきし》にはならん… いいかダイゴ もし自分《じぶん》のことが 嫌《いや》になりそうな時《とき》は この図鑑《ずかん》を読《よ》んでごらん きっと勇気《ゆうき》が持《も》てるから……
……そうか だからコメ作《づく》りを 習《なら》いにいこうと してたんだね
え? じゃあ ムラの代表《だいひょう》って いうのは うそなの?
代表《だいひょう》じゃないけど みんなのためを 考《かん》えたら おいらにはもう これしかないって ……
ポロ ポロ
ポン
今《いま》こそ お姉《ねえ》ちゃんの 言《い》うところの 図鑑情報《ずかんじょうほう》を使《つか》う時《とき》だ!

ユウの考《かんが》えは間違《まちが》ってないよ
だって狩《か》りにいけない女《おんな》の人《ひと》や子《こ》どもや老人《ろうじん》だって田植《たう》えや稲刈《いねか》りはできちゃうんだもん
そのほうが 食《た》べ物《もの》が安定《あんてい》して手《て》に入《はい》るもんね
……でね さっき思《おも》ったんだ…日本《にほん》にコメ作《づく》りを広《ひろ》めたのは狩《か》りが苦手《にがて》で失敗《しっぱい》ばかりしていた人《ひと》たちじゃないかって…
ダメダメだけどダメダメだからこそみんなの役《やく》に立《た》ちたいって……世界《せかい》を変《か》えるのはいつだってそんな人《ひと》たちなんだよ……
……まぁ あれよ ようするに自信《じしん》を持《も》てってことよ
ダメダメだからこそ その力《ちから》をフルに使《つか》って社会貢献《しゃかいこうけん》したいと思《おも》うわけで

スクッ
ペコ
おふたりのおかげでなんとか立《た》ち直《なお》れそうっス
……ていうかこんなに力《ちから》がみなぎって前向《まえむ》きな気持《きも》ちになったの初《はじ》めてっス
未来《みらい》に向《む》かってガンバルゾーって感《かん》じっス!!自分万歳《じぶんばんざい》っス
へぇ……
やっぱ現代人《げんだいじん》と違《ちが》って素直《すなお》なのね
ムムッ!このにおいは…!!
くんくん
ホントだ!後《うし》ろ姿《すがた》が自信《じしん》でみなぎってる!
くん くん

サラさん！
イノシシのウンコ
発見《はっけん》っス！
できたての
ホヤホヤっス
ユウに
言《い》われなくても
においでわかるわ
……てことは
すぐそばに
イノシシがいるんじゃ…
シャーッ
えっ？

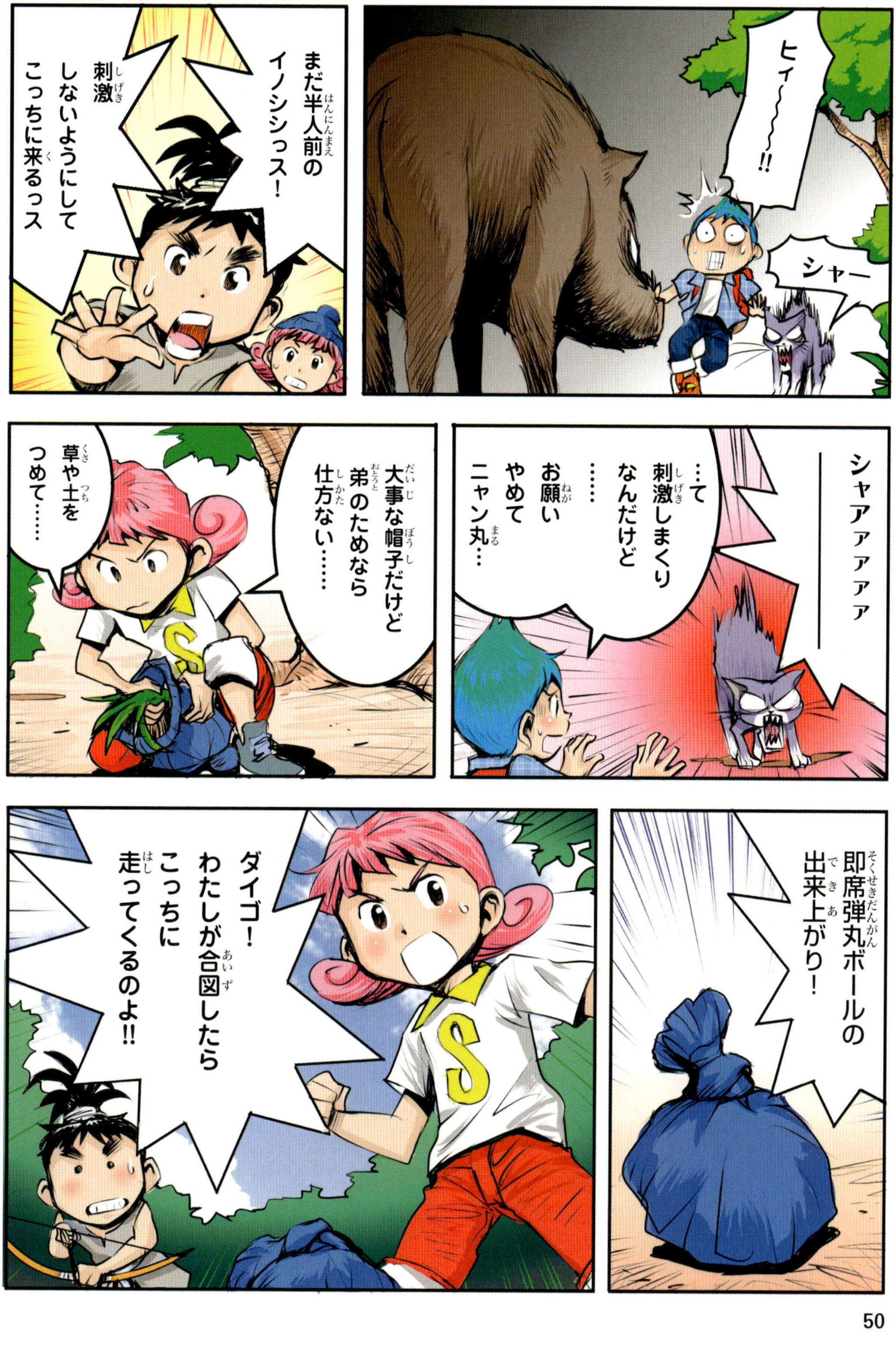
ヒィ〜〜〜〜!!
シャー
まだ半人前《はんにんまえ》のイノシシっス！
刺激《しげき》しないようにしてこっちに来《く》るっス
シャアァァァァ――
…て刺激《しげき》しまくりなんだけど……
お願《ねが》いやめてニャン丸《まる》…
大事《だいじ》な帽子《ぼうし》だけど弟《おとうと》のためなら仕方《しかた》ない……
草《くさ》や土《つち》をつめて……
即席弾丸《そくせきだんがん》ボールの出来上《できあ》がり！
ダイゴ！わたしが合図《あいず》したらこっちに走《はし》ってくるのよ!!

ブヒブヒ ブヒッ!?
(オレに ケンカ売《う》ってんのか!?)
ガッッ
ガッッ
ひ〜〜〜〜っ!!
シャー!!
(やれるもんなら やってみろよ!!)
お姉《ねえ》ちゃーん!
サッカー部のエース!
今《いま》よ ダイゴ!
わーーっ!!

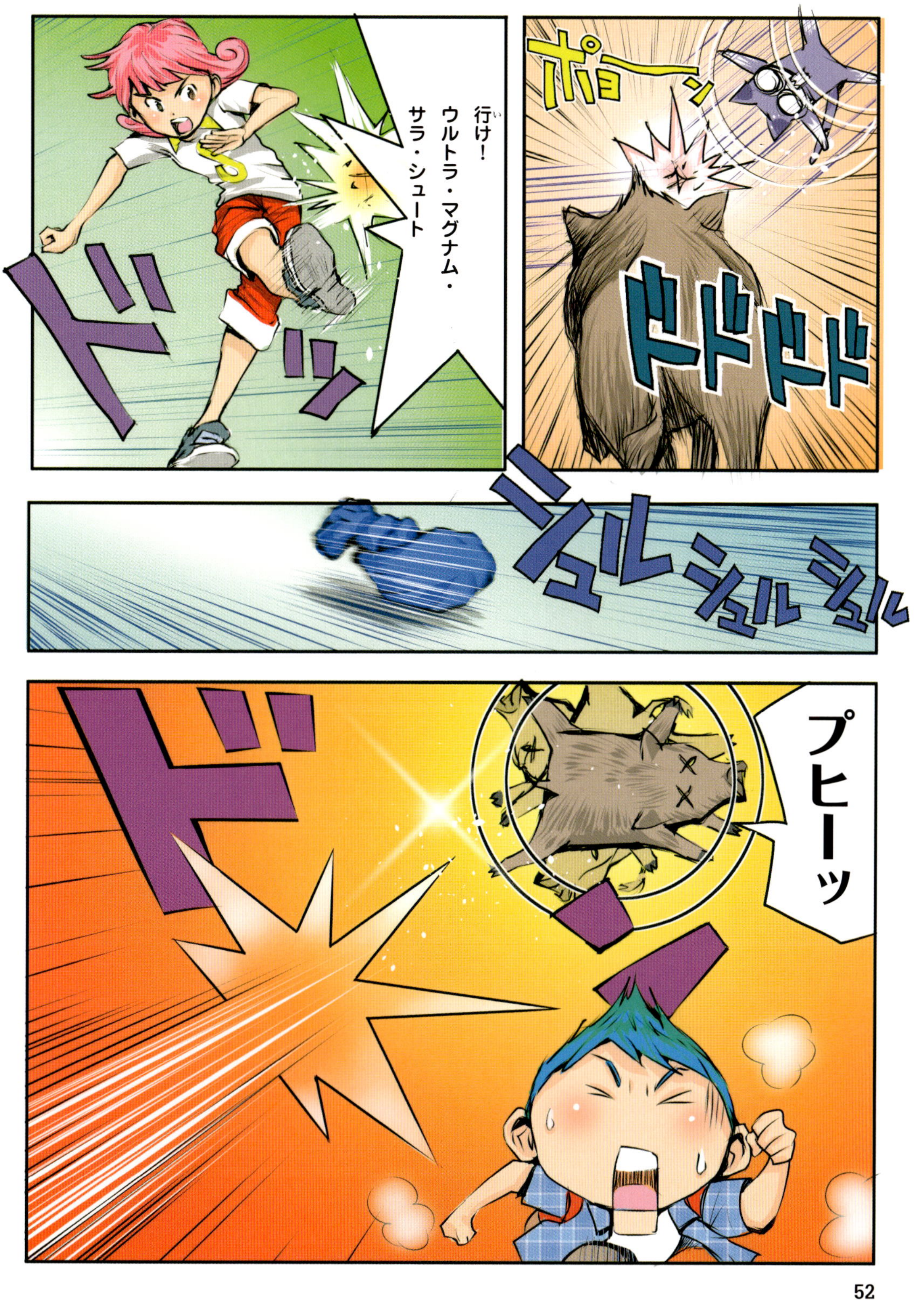

ポヨーン
ドドドドド
行《い》け！ウルトラ・マグナム・サラ・シュート
ドッ
シュルシュルシュル
ド
プヒーッ

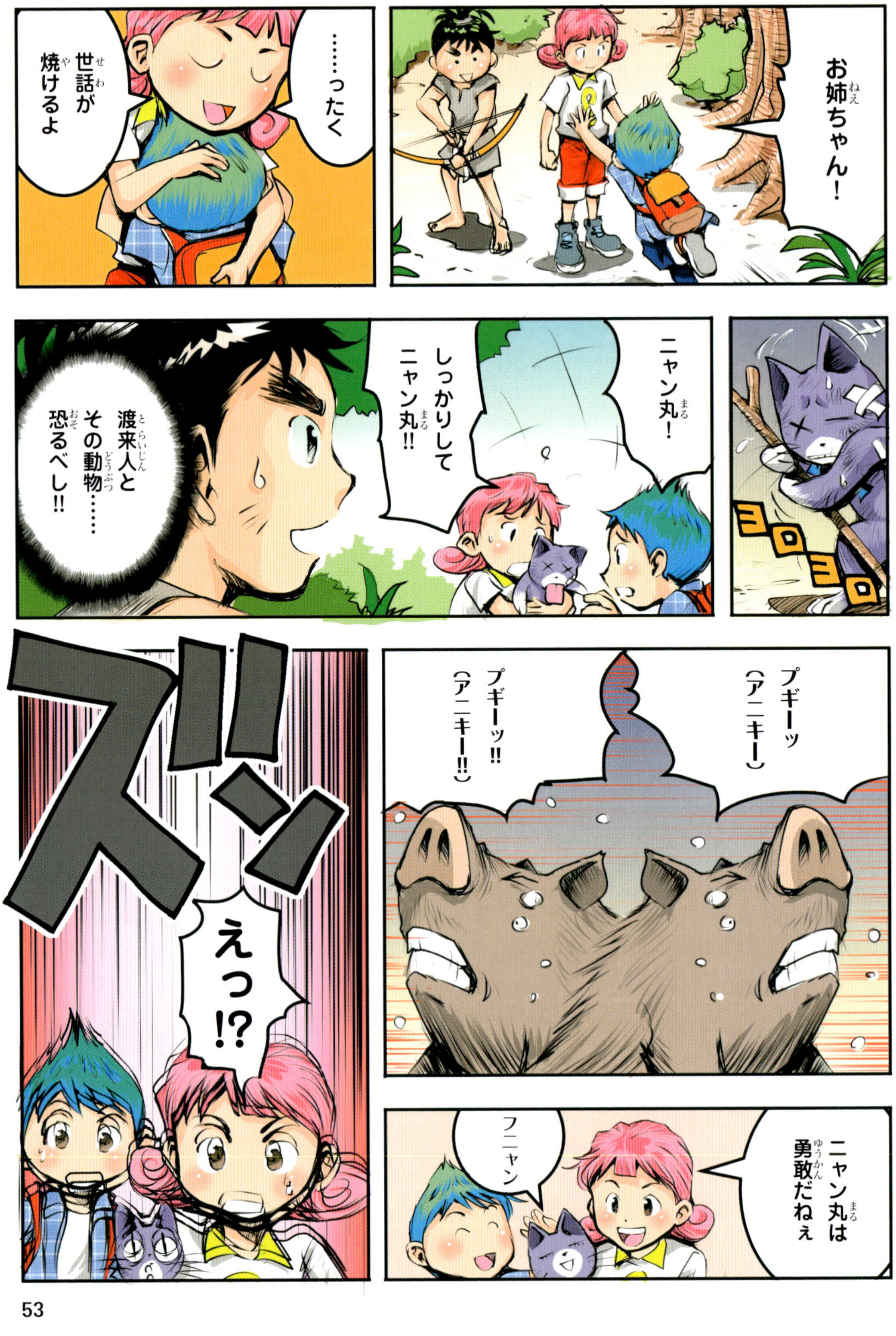
お姉《ねえ》ちゃん!
……ったく
世話《せわ》が焼《や》けるよ
ニャン丸《まる》!
しっかりしてニャン丸《まる》!!
渡来人《とらいじん》とその動物《どうぶつ》……恐《おそ》るべし!!
ヨロヨロ
プギーッ(アニキー)
プギーッ!!(アニキー!!)
ズッ
えっ!?
ニャン丸《まる》は勇敢《ゆうかん》だねぇ
フニャン

ブヒブヒブヒ……!
(よくも
わしの弟分《おとうとぶん》を……!)
ドドドドドド
ブヒブヒブヒ!!
(かくごしろよ!!)
わあああああああ!!

弥生人《やよいじん》の生活《せいかつ》① 食料編《しょくりょうへん》

① 縄文人《じょうもんじん》と弥生人《やよいじん》の食卓《しょくたく》くらべ

水田稲作《すいでんいなさく》が広《ひろ》まり、本格的《ほんかくてき》なコメ作《づく》りが始《はじ》まると、人々《ひとびと》の食生活《しょくせいかつ》も変《か》わり、それまでの動物《どうぶつ》の肉《にく》や木《き》の実《み》、山菜《さんさい》などのほかに、コメもメニューに加《くわ》わるようになりました。

とはいっても、弥生時代《やよいじだい》の人々《ひとびと》にとってコメは貴重《きちょう》な食料《しょくりょう》で、現在《げんざい》のようにひんぱんに食《た》べることはできませんでした。

弥生時代《やよいじだい》の人《ひと》の骨《ほね》を科学的《かがくてき》に分析《ぶんせき》したところ、海《うみ》のそばに住《す》んでいた人々《ひとびと》は貝《かい》や魚《さかな》など海《うみ》からとれるものを、山《やま》の近《ちか》くに住《す》んでいた人々《ひとびと》はクリなどの木《き》の実《み》や豆《まめ》、雑穀《ざっこく》、山菜《さんさい》など山《やま》からとれるものをよく食《た》べていたことがわかりました。このことから、弥生時代《やよいじだい》の人《ひと》はまだ稲作《いなさく》だけでは生活《せいかつ》できず、それぞれが住《す》んでいる環境《かんきょう》にあるものをよく食《た》べていたと考《かんが》えられています。

大昔《おおむかし》の食卓拝見《しょくたくはいけん》!!

縄文時代《じょうもんじだい》と弥生時代《やよいじだい》の人《ひと》は、どんなものを食《た》べていたのでしょう？ それぞれの食事《しょくじ》を推測《すいそく》して再現《さいげん》してみました。

縄文人《じょうもんじん》の食事《しょくじ》
イノシシの肉《にく》やクリ、クルミなど、狩《か》りや採集《さいしゅう》で得《え》た肉《にく》や木《き》の実《み》が並《なら》ぶ
写真：朝日新聞社

VS

弥生時代《やよいじだい》の女王《じょおう》・卑弥呼《ひみこ》の食事《しょくじ》
最前列中央《さいぜんれつちゅうおう》にあるのは、この時代《じだい》のコメの主流《しゅりゅう》だった赤米《あかまい》のご飯《はん》
写真：朝日新聞社

② イノシシはごちそう、イヌは友達《ともだち》!!

昔《むかし》からイノシシは、ごちそうとしてよく食《た》べられていました。弥生時代《やよいじだい》のいくつかの遺跡《いせき》の発掘調査《はっくつちょうさ》から、この時代《じだい》にイノシシが家畜《かちく》として飼《か》われていたことがわかっています。イノシシは、現在《げんざい》のブタと同《おな》じ仲間《なかま》です。弥生時代《やよいじだい》の人々《ひとびと》は、豚汁《とんじる》ならぬイノシシ汁《じる》などを味《あじ》わっていたのかもしれませんね。

縄文時代《じょうもんじだい》から、イヌも人間《にんげん》に飼《か》われていました。こちらはイノシシのような〝ごちそう〟ではなく、狩《か》りに役立《やくだ》つパートナーや番犬《ばんけん》として、大切《たいせつ》にされていたようです。

オレたち
〝ごちそう〟
になるの!?

ボクたち
人間《にんげん》の
パートナー
さ!

もの知《し》りコラム

弥生時代《やよいじだい》の人《ひと》はスプーンを使《つか》っていた!

各地《かくち》にある弥生時代《やよいじだい》の遺跡《いせき》から、さまざまな形《かたち》の木製《もくせい》スプーンがいくつも見《み》つかっています。このことから、弥生時代《やよいじだい》の人《ひと》はスプーンを使《つか》って食事《しょくじ》をしていたと考《かんが》えられるようになっています。

◆◆◆

弥生時代《やよいじだい》には、コメの他《ほか》にも、小麦《こむぎ》、アワ、ヒエ、小豆《あずき》などの雑穀《ざっこく》や、大豆《だいず》なども食《た》べられていたようです。弥生人《やよいじん》の住居《じゅうきょ》跡《あと》の床《ゆか》には、このような穀物《こくもつ》や豆類《まめるい》が焼《や》けて炭化《たんか》したものが、いくつも見《み》つかっています。

これらは、かめ型《がた》の土器《どき》に入《い》れて水《みず》を加《くわ》えて煮《に》て、おかゆのようにして食《た》べていたと考《かんが》えられています。弥生時代《やよいじだい》の人《ひと》は、このような、水分《すいぶん》の多《おお》いドロッとした食《た》べ物《もの》などを、スプーンを使《つか》って食《た》べていたのでしょう。

◆◆◆

また、各地《かくち》の遺跡《いせき》からは、先《さき》がいくつかに分《わ》かれた木製《もくせい》のフォークも見《み》つかっています。他《ほか》にも、水《みず》や汁《しる》ものをすくう木《もく》製《せい》の玉《たま》じゃくしや、ご飯《はん》をよそうのに使《つか》ったと思《おも》われる木製《もくせい》のしゃもじも見《み》つかっています。

4章《しょう》 これが弥生時代《やよいじだい》の田《た》んぼだ！

ドドドド
ブヒブヒ
ブヒーッ!!
(おらおら
おらーっ!!)

ひいいいいー!!
木《き》です！
木《き》の上《うえ》に
逃《に》げるっス

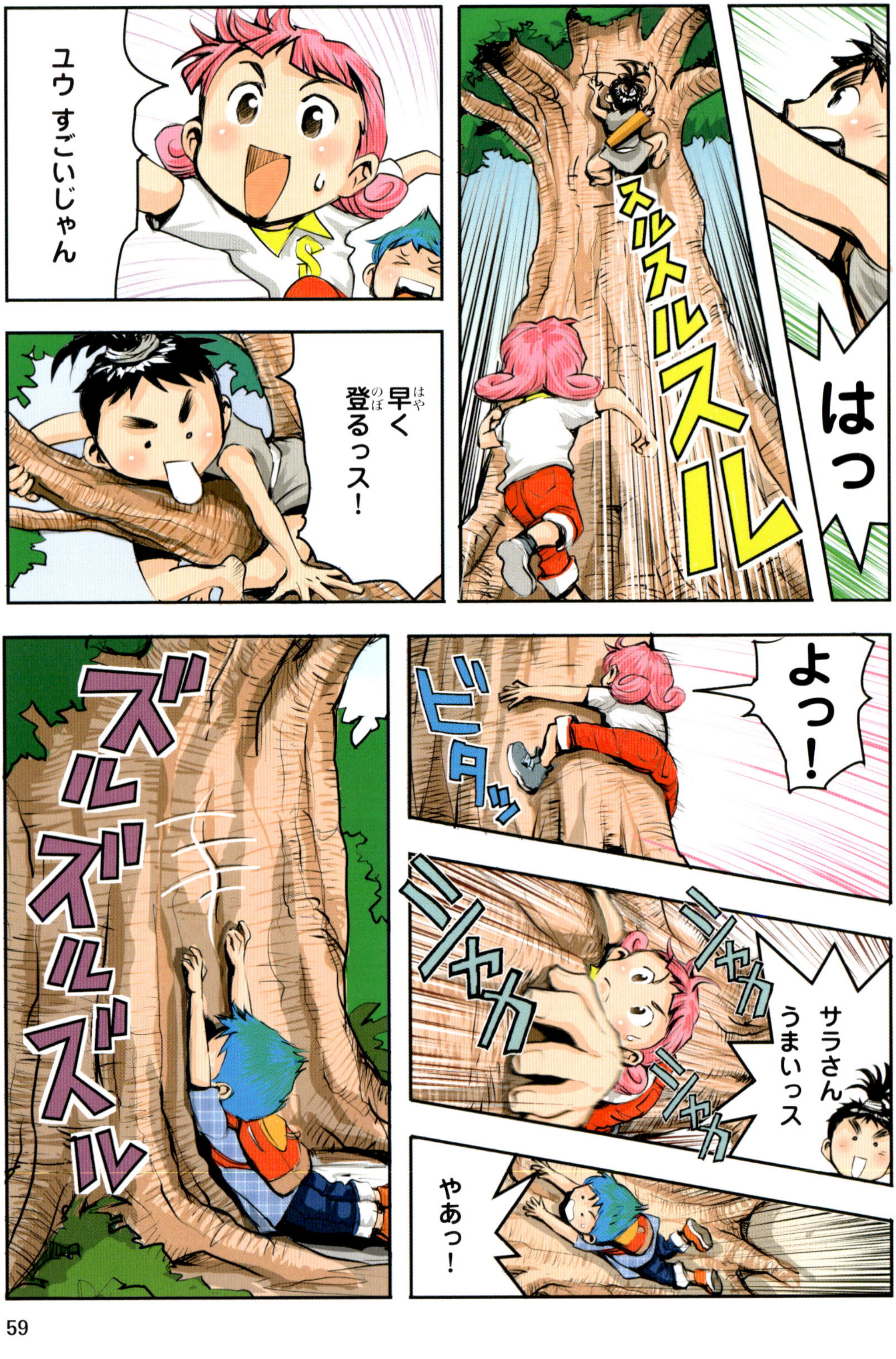
はっ
スルスルスル
ユウ すごいじゃん
早《はや》く登《のぼ》るっス!
よっ!
ビタッ
シャカ
シャカ
シャカ
サラさん うまいっス
ズルズルズル
やあっ!

どうしよう
登《のぼ》れないよ～
お姉《ねえ》ちゃん!!
ガッ
ダンッ
ダッ
ダダッ
でかした
ニャン丸《まる》
ぎゅっ
ダイゴ
これに
つかまって!
ああっ
間《ま》に合《あ》わない
っス!
うわあぁぁぁぁ!!
ドドドド

ダイゴーッ!!

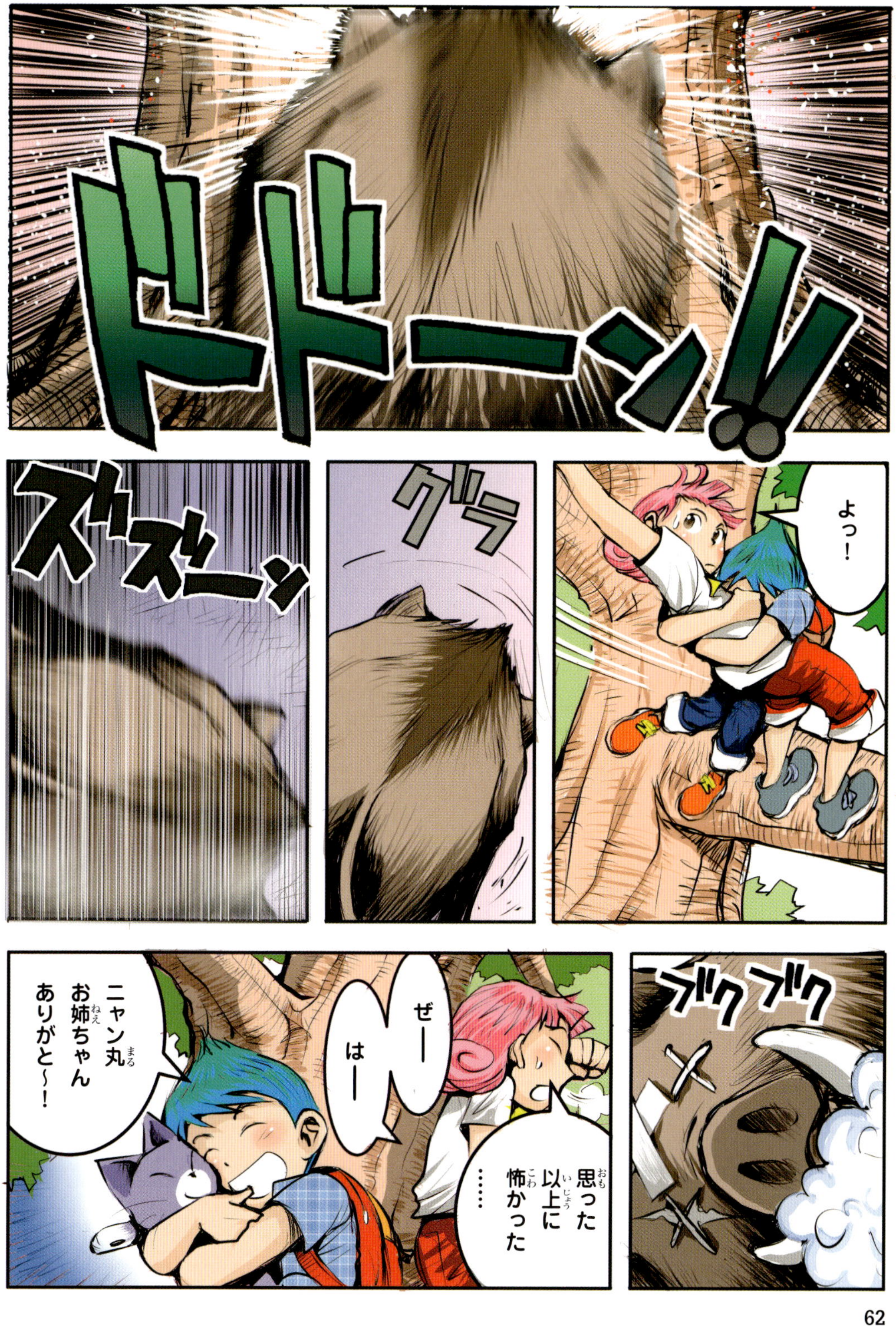
ドドーン!!
よっ!
グラ
ズズーン
ブクブク
ぜーはー
思《おも》った以上《いじょう》に怖《こわ》かった……
ニャン丸《まる》お姉《ねえ》ちゃんありがと～!

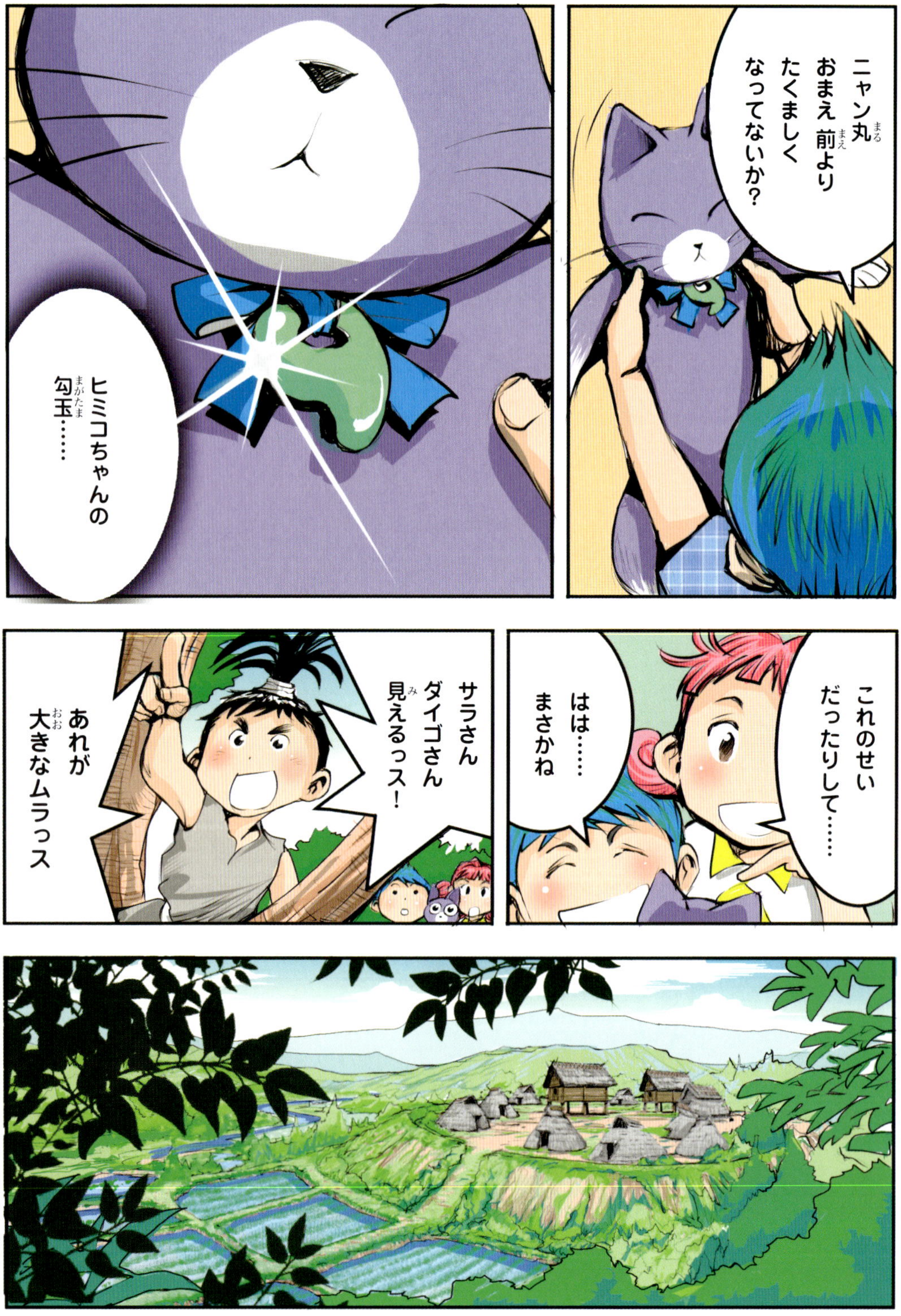
ニャン丸《まる》 おまえ 前《まえ》より たくましく なってないか?
ヒミコちゃんの 勾玉《まがたま》……
これのせい だったりして……
はは…… まさかね
サラさん ダイゴさん 見《み》えるっス!
あれが 大《おお》きなムラっス

わたしたち本当《ほんとう》に弥生時代《やよいじだい》に来《き》たのねー
図鑑《ずかん》と同《おな》じだ
おぉ……

トカトッ
さすが
大《おお》きいムラっス
活気《かっき》があるっス
ガッ
ガッ

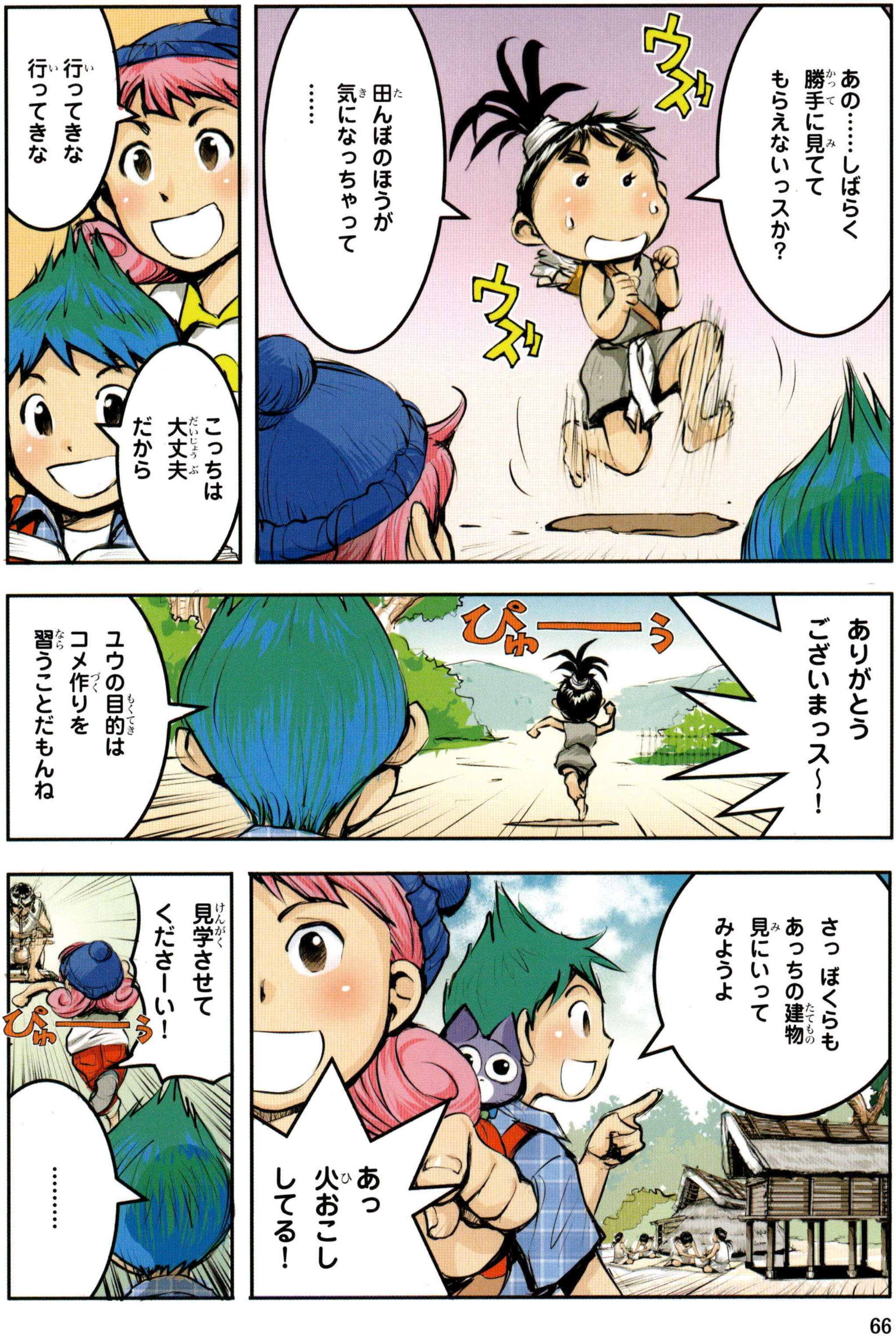

あの……しばらく勝手《かって》に見《み》てて もらえないっスか?
ウズウズ
田《た》んぼのほうが気《き》になっちゃって……
行《い》ってきな 行《い》ってきな
こっちは大丈夫《だいじょうぶ》だから
ありがとうございまっス～!
ぴゅーーーう
ユウの目的《もくてき》はコメ作《づく》りを習《なら》うことだもんね
さっ ぼくらもあっちの建物《たてもの》見《み》にいってみようよ
あっ 火《ひ》おこししてる!
見学《けんがく》させてくださーい!
ぴゅーーう
……

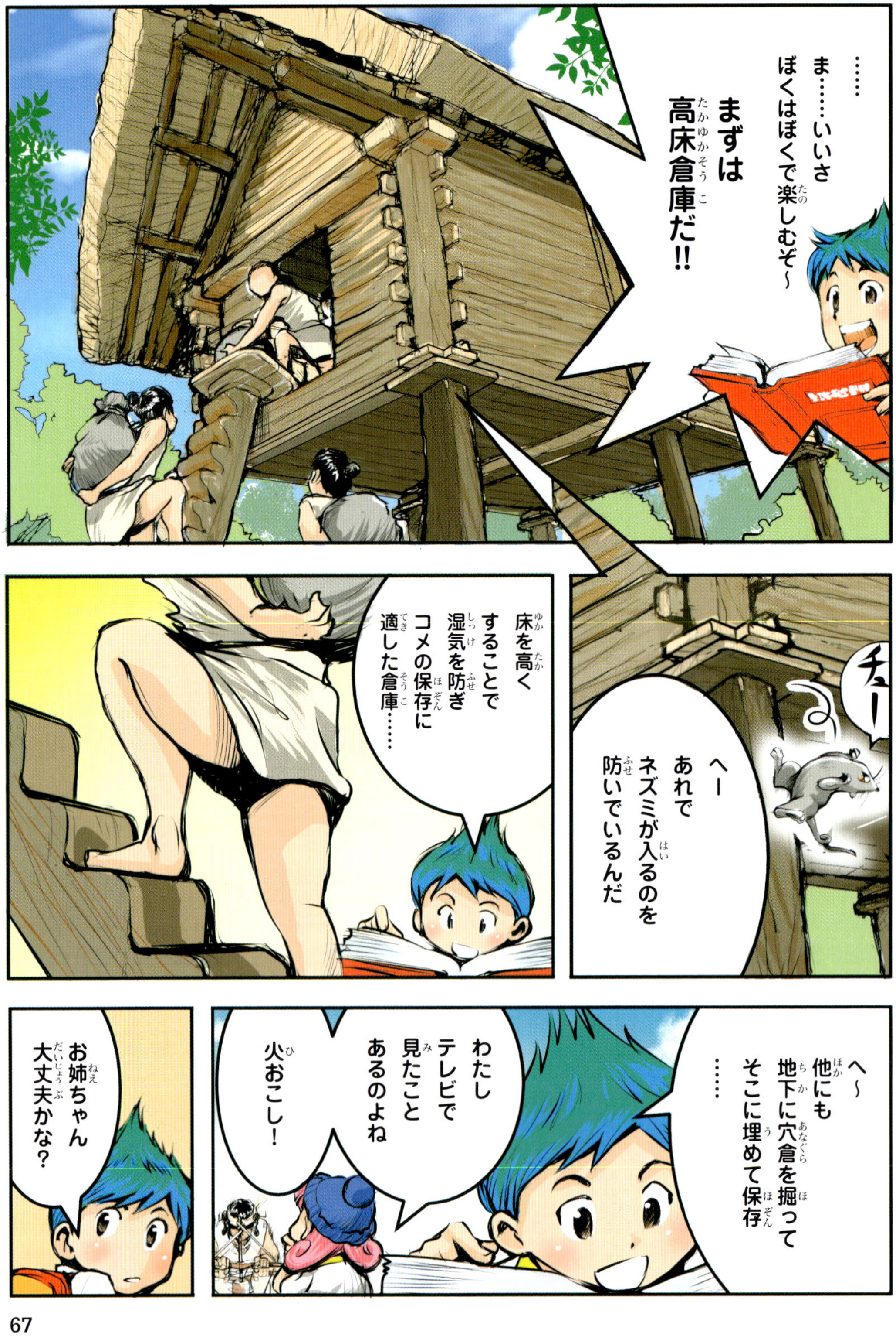
……
ま……いいさ
ぼくはぼくで楽《たの》しむぞ～
まずは
高床倉庫《たかゆかそうこ》だ!!
床《ゆか》を高《たか》く
することで
湿気《しっけ》を防《ふせ》ぎ
コメの保存《ほぞん》に
適《てき》した倉庫《そうこ》……
チュー
へー
あれで
ネズミが入《はい》るのを
防《ふせ》いでいるんだ
へ～
他《ほか》にも
地下《ちか》に穴倉《あなぐら》を掘《ほ》って
そこに埋《う》めて保存《ほぞん》
……
わたし
テレビで
見《み》たこと
あるのよね
火《ひ》おこし!
お姉《ねえ》ちゃん
大丈夫《だいじょうぶ》かな?

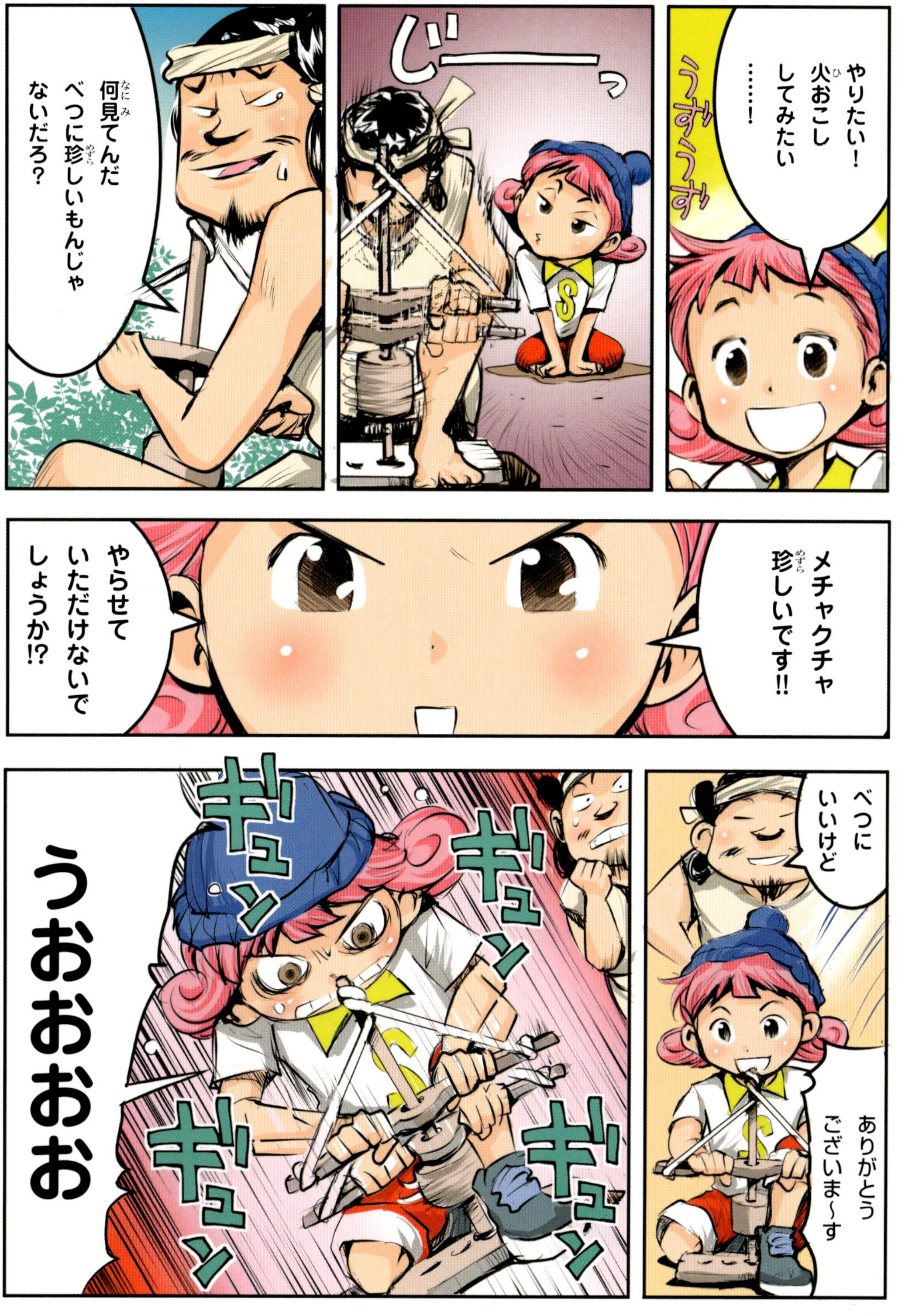
うずうず
やりたい！火《ひ》おこししてみたい……！
じーーっ
何見《なにみ》てんだ べつに珍《めずら》しいもんじゃないだろ？
メチャクチャ珍《めずら》しいです!!
やらせていただけないでしょうか!?
べつにいいけど
ありがとうございま～す
ギュンギュン
ギュン
ギュン
ギュン
うおおおお

ばっ
はぁ
はぁ
はぁ

じーーーっ
んっ?
何《なに》か用《よう》か?
あの……
モジ
モジ
こ……
これは何《なん》スか?
スキだ
田《た》んぼを
耕《たがや》すのに
使《つか》うだ
これは……?
クワだ
これも田《た》んぼを
耕《たがや》すのに使《つか》うだ
じゃあ
これは?
エブリだ
田《た》んぼの土《つち》を
均一《きんいつ》にならしたり
するのに使《つか》うだ
じゃあこれ……
おめぇ
おらたちの
コメ作《づく》りの
じゃましに
きたのか?
えっ!?

ちっ……
違《ちが》うっス!!
おいら
おいら……
コメ作《づく》りを……!
オロ
オロ
こいつ
興味《きょうみ》があんじゃ
ねぇのか?
おれたちに
ん?
興味《きょうみ》……
そうなのか?
手伝《てつだ》いたいのか?
これを
はっ……
はい!!
ぜひ
手伝《てつだ》わせて
ください!!
じゃあ
クワ持《も》って
こっちさ来《こ》い
はいっ!
ダッ
……て
違《ちが》うって
そりゃスキだ
は
はいっ!
バッ
……だからそれは
エブリだって!
やっぱ
じゃましに
きたんじゃねえか?
ちっ
違《ちが》うっスー!!
おいら
コメ作《づく》りを
習《なら》いに
きたんスー!!

カーーァ
カーーァ
どうだった？楽《たの》しかった？
弥生時代《やよいじだい》って おもしろいね～
……全然《ぜんぜん》火《ひ》がつかなかった
ヘロ
腕
ヘロ
じゃましにきたんなら もう来《く》るなって……
えっ？何《なに》？どうしたの ふたりとも
大丈夫《だいじょうぶ》だよ まだ着《つ》いたばかりじゃない
明日《あす》また頑張《がんば》ればいいよ
ガサ

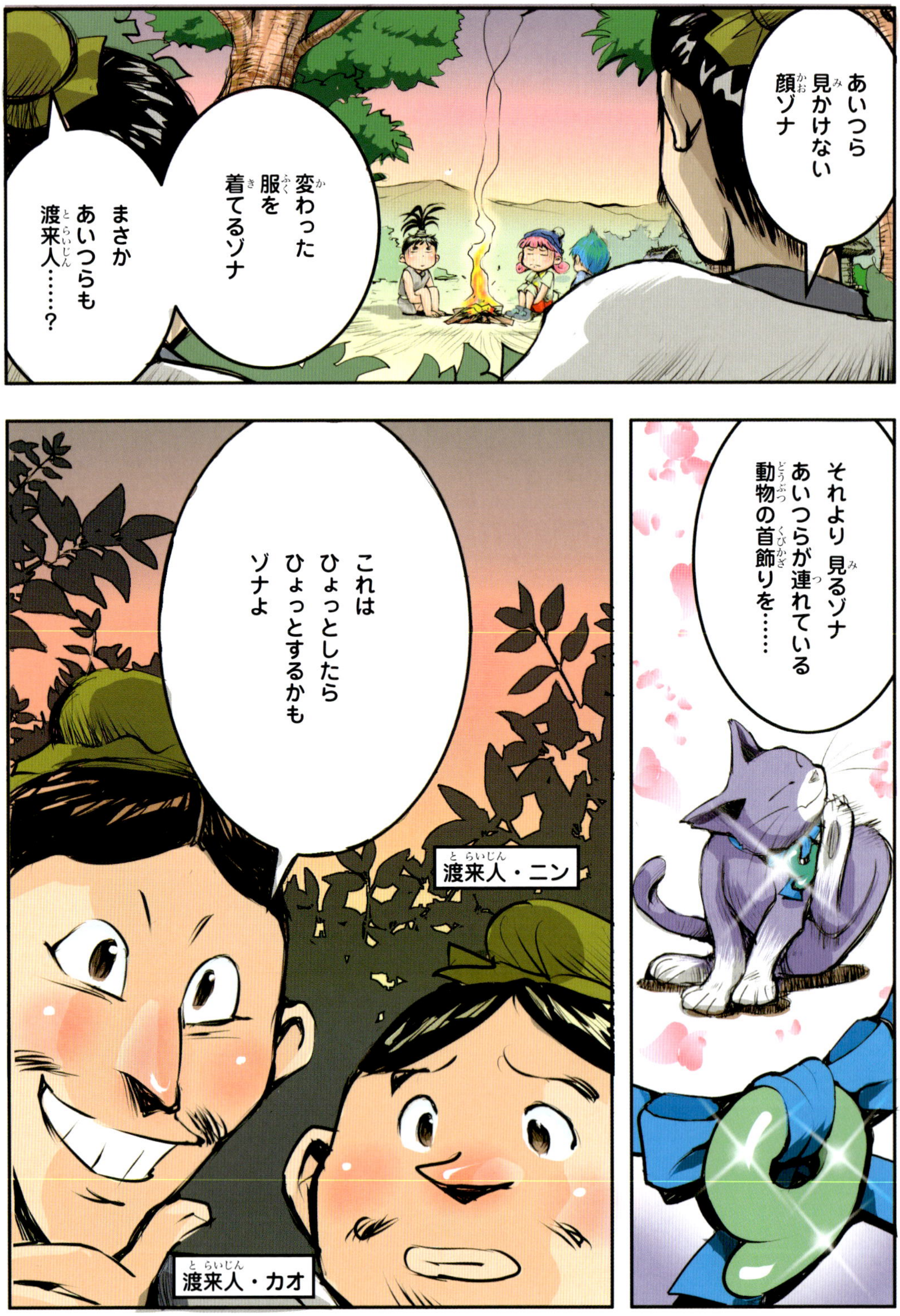
あいつら見《み》かけない顔《かお》ゾナ
変《か》わった服《ふく》を着《き》てるゾナ
まさかあいつらも渡来人《とらいじん》……？
それより見《み》るゾナ あいつらが連《つ》れている動物《どうぶつ》の首飾《くびかざ》りを……
これはひょっとしたらひょっとするかもゾナよ
渡来人《とらいじん》・ニン
渡来人《とらいじん》・カオ

弥生人《やよいじん》の住宅事情《じゅうたくじじょう》

①ムラができた！

保存《ほぞん》ができるコメは人々《ひとびと》の生活《せいかつ》を大《おお》きく変《か》えました。あまったコメを貯蔵《ちょぞう》しておくことで、常《つね》に一定《いってい》の食料《しょくりょう》を確保《かくほ》できるようになった人々《ひとびと》は、飢《う》えの心配《しんぱい》をあまりせず、安定《あんてい》した生活《せいかつ》を送《おく》れるようになりました。

またコメは、収穫《しゅうかく》まで約《やく》1年《ねん》かかるため、人々《ひとびと》は田《た》んぼの近《ちか》くに集《あつ》まって住《す》みました。やがて田《た》んぼの周《まわ》りには、コメ作《づく》りをする仲間同士《なかまどうし》が集《あつ》まって作《つく》った縄文《じょうもん》時代《じだい》より大《おお》きなムラが現《あらわ》れました。

板付遺跡《いたづけいせき》（福岡県《ふくおかけん》）
弥生時代《やよいじだい》の水田跡《すいでんあと》が発見《はっけん》された（→ 171 ページの遺跡《いせき》MAP《マップ》も見《み》よう！）
写真：朝日新聞社

②マイホームを建《た》てた!!

ムラの中《なか》には、それぞれの家族《かぞく》に分《わ》かれて生活《せいかつ》できるよう、いくつもの竪穴住居《たてあなじゅうきょ》が建《た》てられました。またムラには、収穫《しゅうかく》したコメを貯蔵《ちょぞう》するための高床倉庫《たかゆかそうこ》（→67ページ）も建《た》てられました。立派《りっぱ》な高層建築物《こうそうけんちくぶつ》などがつくられたムラもありました。

唐古《からこ》・鍵遺跡《かぎいせき》（奈良県《ならけん》）にある弥生時代《やよいじだい》の高層建築物《こうそうけんちくぶつ》（復元《ふくげん》）
土器《どき》の絵《え》から復元《ふくげん》された。高《たか》さ 12.5 m（→ 171 ページ）

平和《へいわ》の森公園《もりこうえん》（東京都《とうきょうと》）にある竪穴住居《たてあなじゅうきょ》（復元《ふくげん》）
写真：ともに朝日新聞社

もの知《し》りコラム

弥生人《やよいじん》のお宅拝見《たくはいけん》

弥生時代《やよいじだい》の人々《ひとびと》が住《す》んでいた竪穴住居《たてあなじゅうきょ》は、とてもシンプルな建物《たてもの》でした。

地面《じめん》を50㎝前後《ぜんご》の深《ふか》さに掘《ほ》り下《さ》げて竪《たて》穴《あな》を作《つく》り、そこに木《き》の柱《はしら》を立《た》てて梁《はり》を渡《わた》します。屋根《やね》にはカヤなどを葺《ふ》いた木造《もくぞう》1階建《かいだ》てが一般的《いっぱんてき》でした。

それでは、一緒《いっしょ》に、ある家族《かぞく》のお宅《たく》の中《なか》を見《み》せてもらいましょう。

寒《さむ》さや湿気《しっけ》にも強《つよ》いのね！

竪穴住居《たてあなじゅうきょ》の内部《ないぶ》（復元《ふくげん》）

直径《ちょっけい》（または1辺《べん》）が約《やく》5mのワンルーム。4、5人《にん》の家族《かぞく》が暮《く》らすにはほどよい広《ひろ》さ

大阪府立弥生文化博物館蔵

出入《でい》り口《ぐち》は1つ。誰《だれ》が出入《でい》りしたかすぐにわかるので、安心《あんしん》だったでしょうね
中心《ちゅうしん》にある炉《ろ》の周《まわ》りは、家族《かぞく》が集《つど》う憩《いこ》いの場所《ばしょ》。子《こ》どもたちは、炉《ろ》で料理《りょうり》をするお母《かあ》さんの手伝《てつだ》いをしたり、ごはんを食《た》べながらお父《とう》さんから狩《か》りや農《のう》作業《さぎょう》の話《はなし》を聞《き》いたりしたのかもしれませんね

壁《かべ》の周囲《しゅうい》には、高《たか》さ10㎝ぐらいのベッドのようなものがある場合《ばあい》もあったそうです

竪穴《たてあな》の周囲《しゅうい》に盛《も》られた土《つち》が、風《かぜ》や雨水《あまみず》が入《はい》るのを防《ふせ》いでくれるので、寒《さむ》さや湿気《しっけ》の心配《しんぱい》が少《すく》なく、快適《かいてき》に過《す》ごせます

いらっしゃい～

5章《しょう》
渡来人《とらいじん》の悪《わる》だくみ

チュン
チュン
今日《きょう》こそ火《ひ》おこしを成功《せいこう》させるぞ!
おいらはコメ作《づく》りの弟子《でし》にしてもらうぞ!
ふたりとも目標《もくひょう》に向《む》かって頑張《がんば》れ～!
ザザッ
オー!!ッ

ムラに新入《しんい》りが来《き》たっておまえたちゾナか?
?
おじさんたちだれ?
わしらは大陸《たいりく》から来《き》た……
渡来人《とらいじん》のカオ様《さま》とニン様《さま》ゾナ

自分《じぶん》で 自分《じぶん》のこと 「様《さま》」なんて 変《へん》なの
ふん! 新入《しんい》りだから 教《おし》えてやるゾナ
わしらは このムラに いろいろな技術《ぎじゅつ》を伝《つた》えたり 高価《こうか》な品々《しなじな》を持《も》ってきて 交換《こうかん》したりして このムラでは 知《し》らない人《ひと》がいないくらいの 超有名《ちょうゆうめい》な渡来人《とらいじん》ゾナ
カオ様《さま》ー
カオ様《さま》ー
だから 「様《さま》」をつけて とーぜんなんゾナ
まあ それができるのも わしらの故郷《こきょう》では この土地《とち》にない 様々《さまざま》な道具《どうぐ》を作《つく》って おるからゾナ
わしらだけの 手《て》がらじゃ ないゾナ
へー そうなんだ
イデデ
ニン! 何度《なんど》言《い》えばわかるゾナ 偉《えら》い人間《にんげん》だと思《おも》わせれば 人《ひと》は簡単《かんたん》に 言《い》うことを聞《き》くゾナ! おまえは人《ひと》がよすぎるゾナ!

サラさんとダイゴさんも渡来人《とらいじん》なんっス
あ……
いや……あのホントは……
……じゃあわしらと同《おな》じように大陸《たいりく》から何日《なんにち》もかけて船《ふね》で海《うみ》を渡《わた》ってきたんゾナか?
ほうーおまえたちもつらく苦《くる》しい旅《たび》をしてきたゾナか
いやぼくたちは大陸《たいりく》じゃなくて……
ゴォオオオ
うげえぇ~うげえぇ~
カオ!しっかりするゾナ!
船《ふね》はもうこりごりゾナ~
大陸《たいりく》じゃないなら南《みなみ》の島《しま》から来《き》たゾナか?
そ……そうですね

とにかく
このムラは
これまでに
わしらのような
渡来人《とらいじん》が伝《つた》えたもので
あふれているゾナ
機織《はたお》り
青銅器《せいどうき》
鉄器《てっき》
農具《のうぐ》

そして
この土地《とち》の人々《ひとびと》に
コメ作《づく》りを伝《つた》えたのも
わしらのような
大陸《たいりく》から来《き》た
渡来人《とらいじん》だったゾナ!!
おぉ～
パチパチパチパチパチパチ
オホン
……ということで
南《みなみ》の島《しま》の渡来人《とらいじん》の
おまえらが どんな品物《しなもの》を
持《も》ってきたのか知《し》らないが
わしらにはかなわないと
思《おも》ったほうがいいゾナ
で
提案《ていあん》なのだが
おまえらと一緒《いっしょ》にいる
動物《どうぶつ》がつけている
首飾《くびかざ》り……
首飾《くびかざ》り……?
ああ
勾玉《まがたま》ですか?
そう勾玉《まがたま》!

それを
わしらに
譲《ゆず》る気《き》はないゾナか？
まあ 見《み》ただけで
何《なん》の価値《かち》もない
クズのような
勾玉《まがたま》とは
わかっているゾナが……
ポワ〜〜〜〜ッ
シャーーッ!!
ひっ！
おじさん！
悪《わる》いけど わたしも
ニャン丸《まる》と
同《おな》じ気分《きぶん》かな
シャーッ
？

自分《じぶん》のこと「様《さま》」なんて言《い》っちゃってなんか ずーっと自慢話《じまんばなし》してるみたいなんだもん
ねー ニャン丸《まる》
ニャン
おじさん…… この勾玉《まがたま》は じつは ぼくらのものじゃ ないんだよ
落《お》とし物《もの》…… ヒミコって子《こ》に返《かえ》さなきゃいけないんだ
…くっ
!!
ヒミコ…… ヒミコって あの……
い…… いやいや おじさんたちが悪《わる》かったゾナ…… 初対面《しょたいめん》なのに図々《ずうずう》しかったゾナ
やはり 何《なん》としても手《て》に入《い》れなければ!

そうだ！おわびにスーパー・イリュージョン・マジック・ショーをやるゾナ
ムラの者《もの》も集《あつ》めてきみたちの歓迎《かんげい》のお祭《まつ》りをやるゾナ
ワーワー
スーパー・イリュージョン・マジック・ショー
歓迎《かんげい》のお祭《まつ》り……
何《なん》だ！おじさんたちいい人《ひと》じゃない！
コロッ
ニャン丸《まる》もう「シャーッ」って言《い》っちゃダメだかんね
……
その時《とき》は ぜひ舞台《ぶたい》の上《うえ》に上《あ》がってくれゾナ
へ？舞台《ぶたい》……
やるやる何《なん》でもやっちゃう！お祭《まつ》り大好《だいす》き!!
お祭《まつ》りですか楽《たの》しみっス…！

じゃ おじさんたち 用意《ようい》があるゾナから……
スタスタ
カオ 急《きゅう》にお祭《まつ》りだなんて どうしたゾナ?
ニン おまえ 気《き》づかなかったゾナか? あの勾玉《まがたま》 ただのお宝《たから》じゃなかったゾナ
不思議《ふしぎ》な力《ちから》を持《も》つ 少女《しょうじょ》の噂《うわさ》 聞《き》いたことあるゾナよ
名《な》をヒミコと いったゾナ
あの勾玉《まがたま》が 本当《ほんとう》に ヒミコのものなら わしが返《かえ》してやれば お礼《れい》のお宝《たから》を……
何《なに》が何《なん》でも 手《て》に入《い》れるゾナ～!
ザワ ザワ
ザワ ザワ

ザワ
ザワ
ザワ
ザワ
どんなショーが見《み》られるのかしら
ドキドキ
パンパカパーン
スーパー・イリュージョン・マジック・ショーの始《はじ》まり始《はじ》まり～
ショーの前《まえ》に優秀《ゆうしゅう》な助手《じょしゅ》をお客様《きゃくさま》の中《なか》から選《えら》びたいと……
はいっ はいっ はいはい！
はい そこのお嬢《じょう》さん
やった～～！

それでは助手《じょしゅ》！不思議《ふしぎ》な体験《たいけん》をしていただくお客様《きゃくさま》を選《えら》ぶゾナ
はいっ！
きみの弟《おとうと》さんがいいと思《おも》うゾナ
ばっ
了解《りょうかい》！
パッ
……
くくく……計画通《けいかくどお》りゾナ

大陸《たいりく》からやってきた文明《ぶんめい》

① 文明《ぶんめい》の進《すす》んだ隣《となり》の国《くに》

日本《にほん》が弥生時代《やよいじだい》の頃《ころ》、海《うみ》の向《む》こうの中国《ちゅうごく》では、日《に》本《ほん》にはない様々《さまざま》な文化《ぶんか》が発展《はってん》していました。中国《ちゅうごく》では、水田稲作《すいでんいなさく》は今《いま》から約《やく》7千年前《せんねんまえ》に始《はじ》まったと考《かんが》えられています。ほかにも、農具《のうぐ》の発達《はったつ》や絹織《きぬおり》物《もの》、紙《かみ》などの発明《はつめい》と、当時《とうじ》の日本《にほん》にはない高度《こうど》な文化《ぶんか》を発展《はってん》させていました。

中国《ちゅうごく》の隣《となり》の朝鮮半島《ちょうせんはんとう》でも、中国《ちゅうごく》の影響《えいきょう》を受《う》け、当《とう》時《じ》の日本《にほん》よりも早《はや》くから進《すす》んだ文化《ぶんか》を持《も》っていました。今《いま》から約《やく》3千年前《ぜんねんまえ》には水田稲作《すいでんいなさく》が広《ひろ》まっていて、青銅器《せいどうき》や鉄器《てっき》も使《つか》われていました。

カンカン

▲銅鐸《どうたく》

銅矛《どうほこ》や銅剣《どうけん》などとともに、弥生時代《やよいじだい》の祭《まつ》りに使《つか》われていた青銅器《せいどうき》。

写真：神戸市教育委員会提供

② 文化《ぶんか》を伝《つた》えた渡来人《とらいじん》

弥生時代《やよいじだい》には、中国《ちゅうごく》や朝鮮半島《ちょうせんはんとう》から多《おお》くの人々《ひとびと》が渡《わた》ってくるようになりました。渡来人《とらいじん》たちです。彼《かれ》らは、水田稲作《すいでんいなさく》や稲作用《いなさくよう》の農具《のうぐ》、鉄器《てっき》、青銅器《せいどうき》など、大陸《たいりく》で発展《はってん》した様々《さまざま》な文化《ぶんか》や技術《ぎじゅつ》を日本《にほん》に伝《つた》えました。

渡来人《とらいじん》たちが日本《にほん》に伝《つた》えたこれらの文化《ぶんか》や技術《ぎじゅつ》は、弥生時代《やよいじだい》の日本《にほん》を大《おお》きく発展《はってん》させていきました。

大変《たいへん》だったんっスね

渡来人《とらいじん》は船《ふね》で渡《わた》ってきたゾナ～
ゴオオオ
ひぃ～～
遭難《そうなん》することもある危険《きけん》な旅《たび》だったゾナ～

比《くら》べてみよう！ 縄文人《じょうもんじん》と弥生人《やよいじん》

縄文人《じょうもんじん》とは、旧石器時代《きゅうせっきじだい》に日本《にほん》にやってきた人《ひと》たちの子孫《しそん》です。弥生人《やよいじん》とは、日本《にほん》に根《ね》づいた渡《と》来人《らいじん》（大陸系弥生人《たいりくけいやよいじん》）と、縄文人《じょうもんじん》と渡来人《とらいじん》の間《あいだ》に生《う》まれた人々《ひとびと》（混血系弥生人《こんけつけいやよいじん》）などです。彼《かれ》らの子孫《しそん》が、わたしたち現在《げんざい》の日本人《にほんじん》だといわれています。

縄文人《じょうもんじん》と弥生人《やよいじん》は、主《おも》に下《した》の表《ひょう》にあるような特《とく》徴《ちょう》を持《も》っています。現代《げんだい》の人《ひと》たちにも、このような特徴《とくちょう》を持《も》つ人《ひと》がたくさんいます。きみはどっちに似《に》ているのか、チェックしてみてくださいね！

きみはどっちだ！？

弥生人《やよいじん》

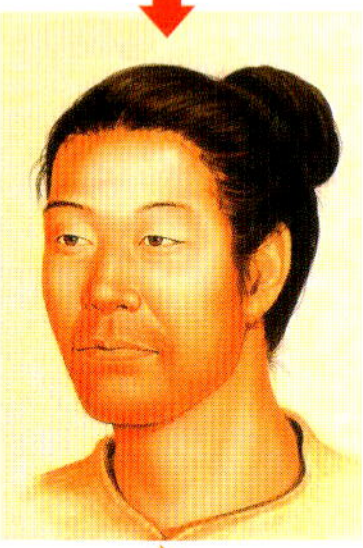

縄文人《じょうもんじん》

面長《おもなが》で平《へい》たん	**顔《かお》の形《かたち》**	四角《しかく》くほりが深《ふか》い
細《ほそ》くて薄《うす》い	**眉毛《まゆげ》**	太《ふと》くて濃《こ》い
細《ほそ》い	**目《め》**	大《おお》きい
一重《ひとえ》	**まぶた**	二重《ふたえ》
低《ひく》い	**鼻《はな》**	高《たか》い
小《ちい》さい	**耳《みみ》たぶ**	大《おお》きい
乾《かわ》いている	**耳《みみ》あか**	湿《しめ》っている
薄《うす》い	**くちびる**	厚《あつ》い
うずまき	**指紋《しもん》**	ながれ

大陸《たいりく》から日本《にほん》に渡《わた》ってきた人々《ひとびと》やその子孫《しそん》。ずんぐりした体《からだ》に短《みじか》い手《て》足《あし》、ほりが浅《あさ》めの顔立《かおだ》ちが特徴《とくちょう》。

最初《さいしょ》に日本列島《にほんれっとう》に住《す》んだ人々《ひとびと》。ほっそりした体《からだ》に長《なが》い手足《てあし》、ほりの深《ふか》い顔立《かおだ》ちが特徴《とくちょう》。

イラスト：石井礼子

うまそ〜
この時代 ネコが めずらしいんだ な〜ぁ
くいて〜
ま…まずいニャ〜!!

6章《しょう》 ニャン丸《まる》が盗《ぬす》まれたぁ!?

お！ かわいらしい 動物《どうぶつ》を 連《つ》れているゾナ！
せっかくだから この動物《どうぶつ》を使《つか》って スーパー・イリュージョン・ マジックを ご覧《らん》に入《い》れるゾナ!!
シャーッ!!
助手《じょしゅ》！ その動物《どうぶつ》をこの袋《ふくろ》に 入《い》れるゾナ
はい！
フーッ
こら ニャン丸《まる》！

準備《じゅんび》オッケーです！
今《いま》からこの動物《どうぶつ》をまったく別《べつ》のものの姿《すがた》に変《か》えてご覧《らん》に入《い》れるゾナ!!
ええ？別《べつ》のものに変《か》わる!?
パサ
ニャーァ
ニャーァ
ロエカレイダマイ～ロエカレイダマイ～
カポ…

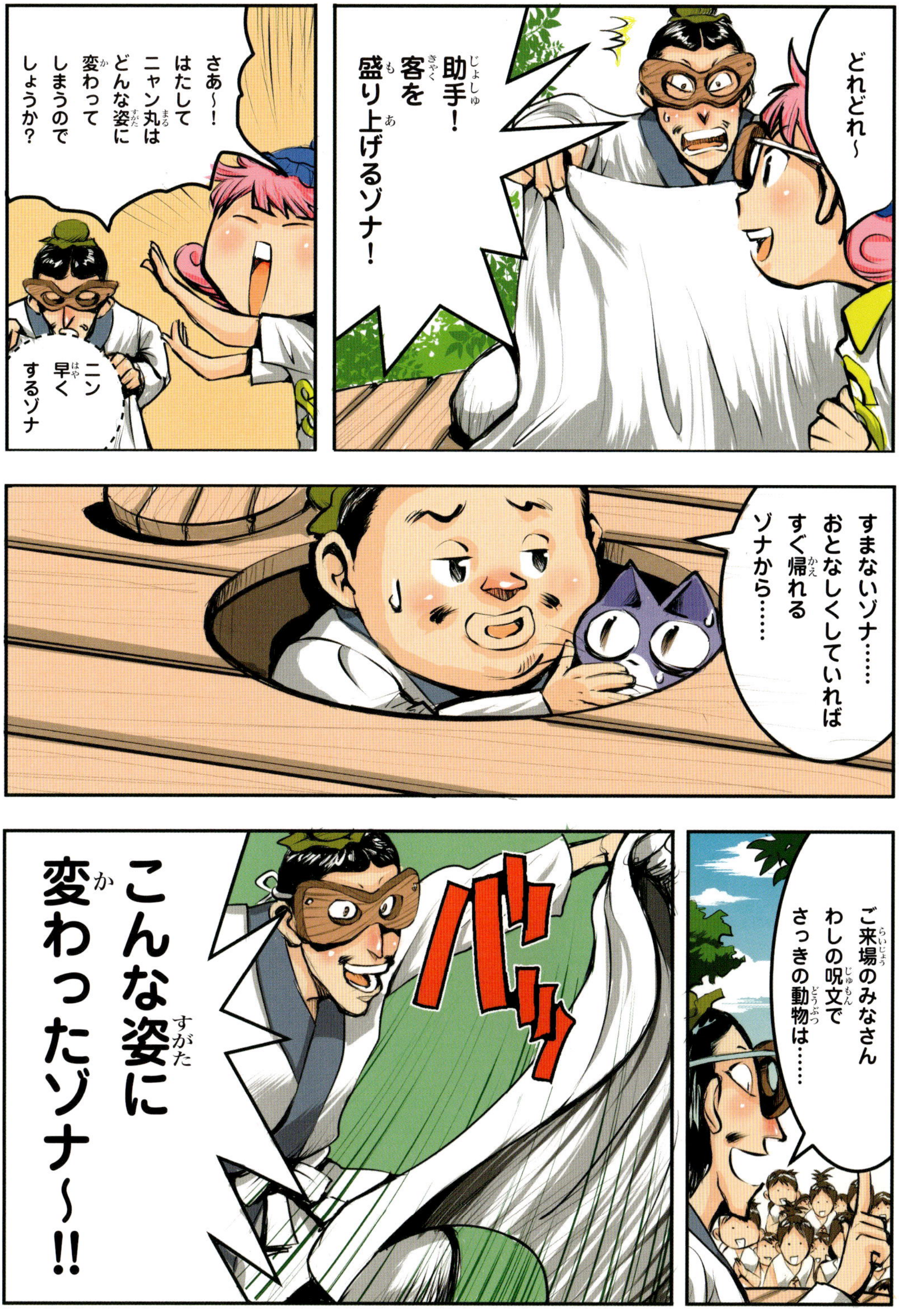
どれどれ～
助手《じょしゅ》！客《きゃく》を盛《も》り上《あ》げるゾナ！
さあ～！はたしてニャン丸《まる》はどんな姿《すがた》に変《か》わってしまうのでしょうか？
ニン 早《はや》くするゾナ
すまないゾナ……おとなしくしていればすぐ帰《かえ》れるゾナから……
ご来場《らいじょう》のみなさん わしの呪文《じゅもん》でさっきの動物《どうぶつ》は……
こんな姿《すがた》に変《か》わったゾナ～!!
バッ

ニャ〜
ニャ〜
バン!!
腕輪《うでわ》だ……
腕輪《うでわ》になっただ!
動物《どうぶつ》が腕輪《うでわ》の姿《すがた》に変《か》わっちまっただ〜!!
オオオオオオオオオオ
ニャ〜
ニャ〜
ニャン丸《まる》の声《こえ》……
腕輪《うでわ》がニャン丸《まる》の声《こえ》で鳴《な》いてる……
ニャーァ
ニャーァ
じつは……

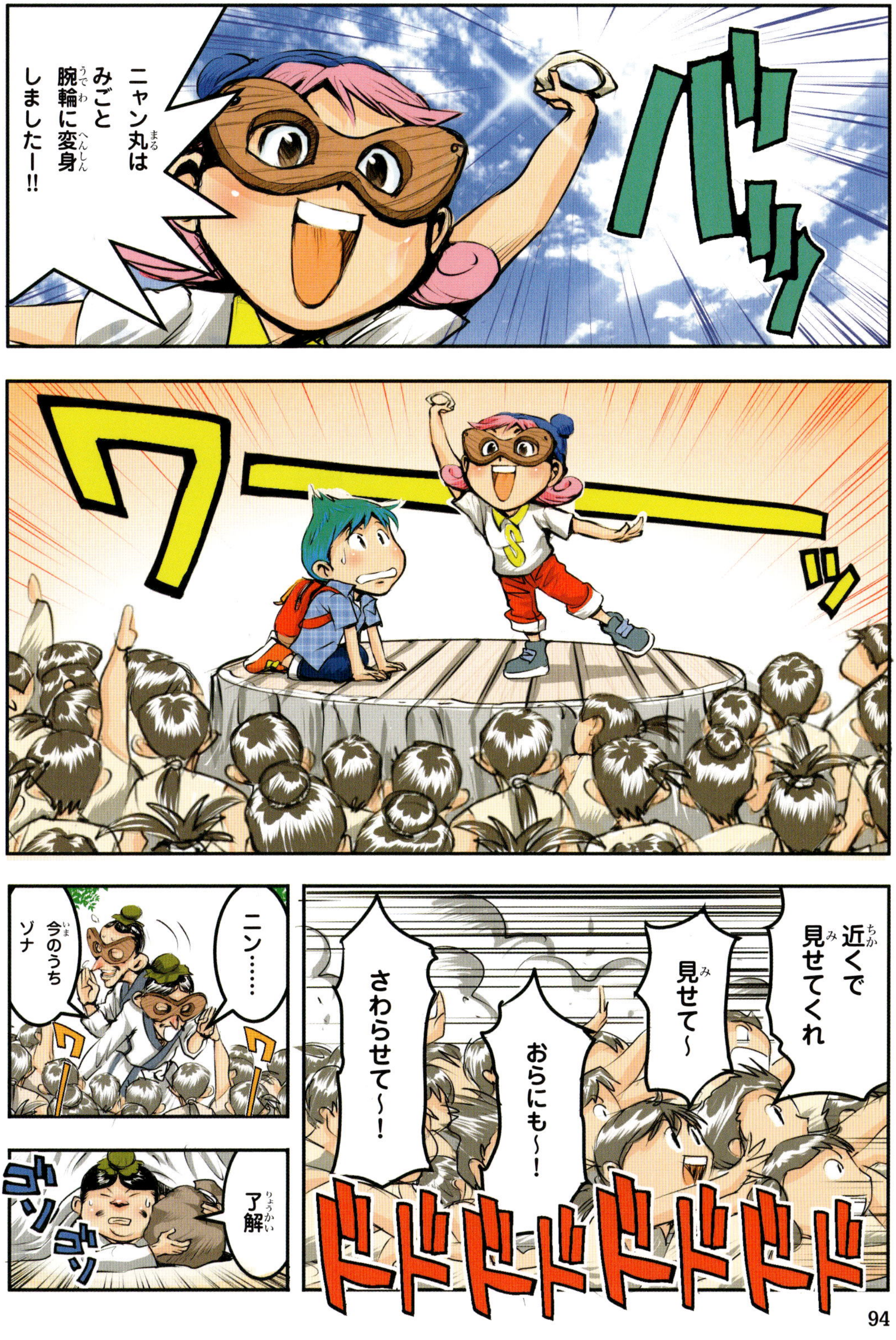
ニャン丸《まる》は
みごと
腕輪《うでわ》に変身《へんしん》
しましたー!!
バッ
ワーーーッ
ニン……
今《いま》のうち
ゾナ
ワー
ワー
了解《りょうかい》
ゴソ
ゴソ
近《ちか》くで
見《み》せてくれ
見《み》せて～
おらにも～！
さわらせて～！
ドドドドドドドドド

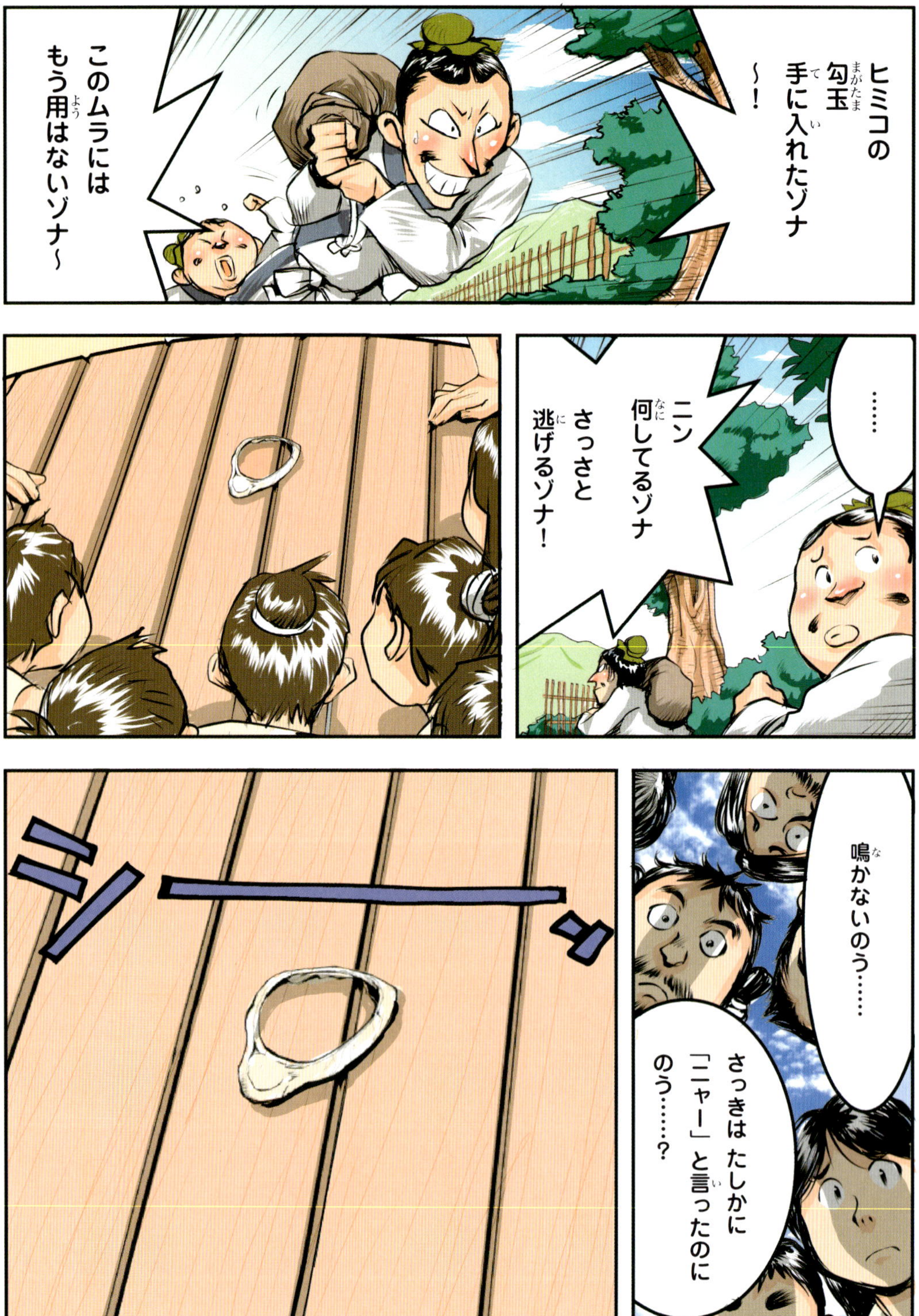
ヒミコの勾玉《まがたま》手《て》に入《い》れたゾナ〜！
このムラにはもう用《よう》はないゾナ〜
……
ニン何《なに》してるゾナ さっさと逃《に》げるゾナ！
ミシー－ッ
鳴《な》かないのう……
さっきは たしかに「ニャー」と言《い》ったのにのう……？

数時間後《すうじかんご》――
ザワ
ひょっとして これは……
ザワ
いや まさかね……
ザワ
でもやっぱり……
どう見《み》ても こりゃ……
これは あの動物《どうぶつ》じゃなくて ただの 腕輪《うでわ》でねえか……!?
どうなってるだ 助手《じょしゅ》さんよ～?
え?
そんな～ わたしに 言《い》われても……
ニャン丸《まる》 じゃない……
じゃあ ニャン丸《まる》はどこに ……?
オロ
オロ
オロ
ニャン丸《まる》～ ニャン丸《まる》～
あれ? 渡来人《とらいじん》のおじさんたちも いない……

中《ちゅう》ムラの長老《ちょうろう》
おまえさんたちの動物《どうぶつ》がこのムラの中《なか》で姿《すがた》を消《け》したと……
それがカオ様《さま》とニン様《さま》のしわざではないかと
はい!
ふむ……この腕輪《うでわ》に変《か》わったとうそをついてさらっていったとな……

こんな時《とき》はムラ一番《いちばん》の物知《ものし》りな長老《ちょうろう》に聞《き》くしかないっておいらが言《い》ったんス
おいらのムラではそうしてたんで……
何《なに》か知《し》っていれば教《おし》えてください
ふむ……
その動物《どうぶつ》には何《なに》か特徴《とくちょう》はないかな？
勾玉《まがたま》の首飾《くびかざ》りをつけてます
シャ――ッ!!
あっ！あの渡来人《とらいじん》がニャン丸《まる》の勾玉《まがたま》に手《て》を出《だ》そうとして「シャー」って……!
勾玉《まがたま》……
じつはその勾玉《まがたま》落《お》とし物《もの》で……
カリカリ

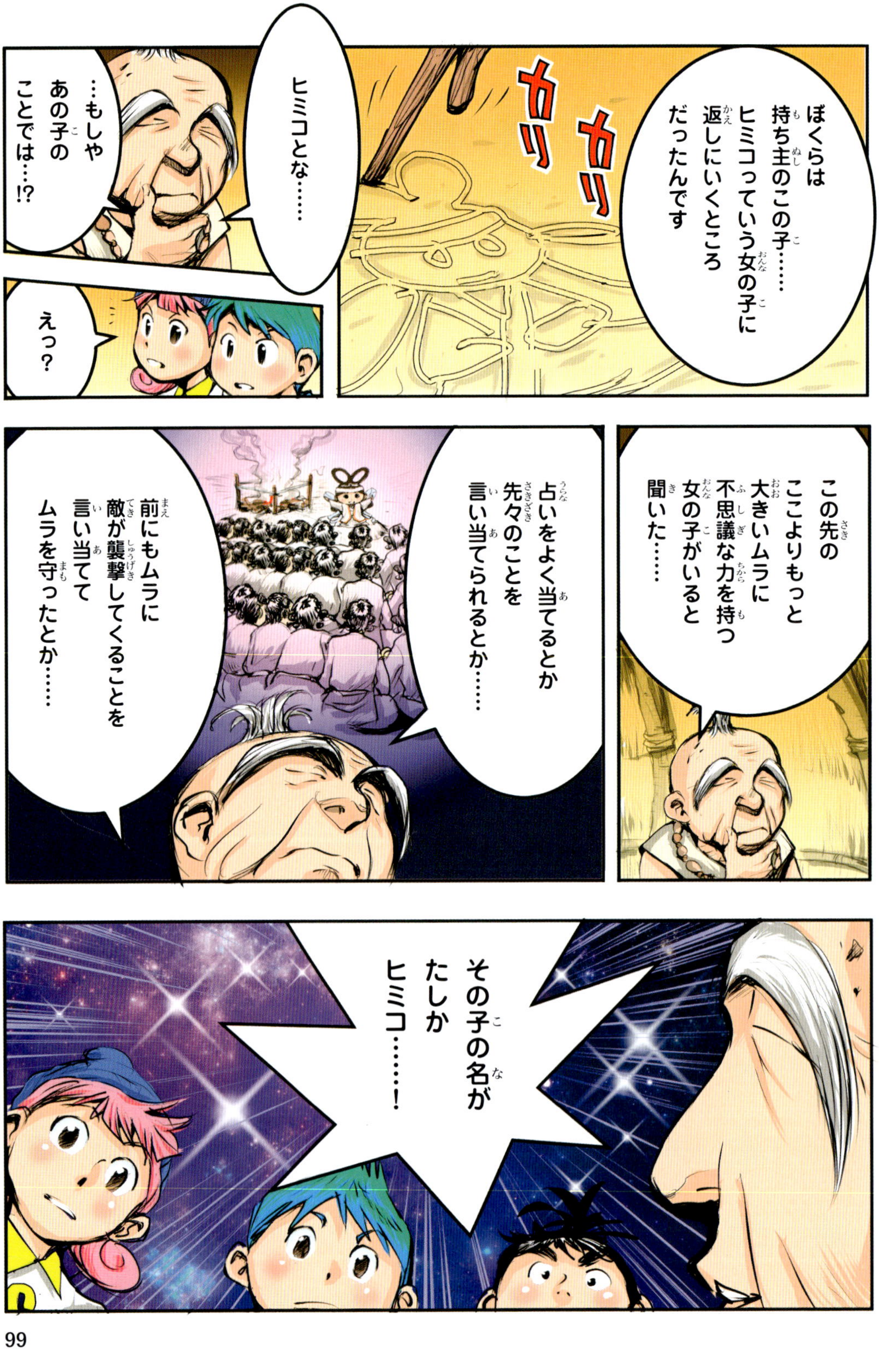
ぼくらは持《も》ち主《ぬし》のこの子《こ》……ヒミコっていう女《おんな》の子《こ》に返《かえ》しにいくところだったんです
カリカリ
ヒミコとな……
…もしやあの子《こ》のことでは…!?
えっ?
この先《さき》のここよりもっと大《おお》きいムラに不思議《ふしぎ》な力《ちから》を持《も》つ女《おんな》の子《こ》がいると聞《き》いた……
占《うらな》いをよく当《あ》てるとか先々《さきざき》のことを言《い》い当《あ》てられるとか……
前《まえ》にもムラに敵《てき》が襲撃《しゅうげき》してくることを言《い》い当《あ》ててムラを守《まも》ったとか……
その子《こ》の名《な》がたしかヒミコ……!

カオ様《さま》たちは前々《まえまえ》からヒミコのいるその大《おお》きなムラに行《い》きたがっていた
もしそのムラへの手土産《てみやげ》として勾玉《まがたま》を盗《ぬす》んだとしたら……
う～～っわたしをだましてニャン丸《まる》ごと盗《ぬす》む手伝《てつだ》いをさせるなんて～
絶対《ぜったい》に許《ゆる》さない!!
お姉《ねえ》ちゃん!あいつらの行《い》き先《さき》はその大《おお》きなムラに間違《まちが》いないよ!
ダイゴ!今《いま》すぐ出発《しゅっぱつ》よ!急《いそ》げば追《お》いつけるはず!!
ちょっと待《ま》ちなさいお嬢《じょう》ちゃん

その大《おお》きなムラは
今《いま》 周《まわ》りのムラとの間《あいだ》で
争《あらそ》いが起《お》きていて
相当《そうとう》危険《きけん》だというが
それでも
行《い》くというのかな?
ニャン丸《まる》は
大切《たいせつ》な家族《かぞく》
だから……
それに……
いつも
ダイゴと助《たす》け合《あ》って
切《き》り抜《ぬ》けてきたから
大丈夫《だいじょうぶ》です!!
ポッ…
お姉《ねえ》ちゃん……
ニャーァ ニャーァ
ニン
袋《ふくろ》の中《なか》の動物《どうぶつ》を
おとなしく
させるゾナ!!
ニァァァァァ
(助《たす》けてぇぇぇ)

弥生時代《やよいじだい》のコメ作《づく》り

弥生時代《やよいじだい》の田植《たう》えの様子《ようす》を再現《さいげん》したミニチュア模型《もけい》
大阪府立弥生文化博物館蔵／撮影：朝日新聞社

① イネを植《う》える

現代《げんだい》と弥生時代《やよいじだい》のコメ作《づく》りには、農具《のうぐ》や作業《さぎょう》の手順《てじゅん》など様々《さまざま》な違《ちが》いがあります。特《とく》に大《おお》きく違《ちが》うのが、植《う》え付《つ》けるイネの種類《しゅるい》です。

現代《げんだい》の田《た》んぼには、基本的《きほんてき》に1種類《しゅるい》のイネだけを植《う》えます。一方《いっぽう》、弥生時代《やよいじだい》には、成長《せいちょう》の速《はや》さが違《ちが》う複《ふく》数《すう》の種類《しゅるい》のイネを、同《おな》じ田《た》んぼに同時《どうじ》に植《う》えていたと考《かんが》えられています。

② 稲《いね》を刈《か》り取《と》る道具《どうぐ》と方法《ほうほう》

弥生時代《やよいじだい》のコメ作《づく》りは、コメの収穫方法《しゅうかくほうほう》も現在《げんざい》とはだいぶ違《ちが》っていたようです。

現代《げんだい》のイネ刈《か》りは、コンバインなどの機械《きかい》の力《ちから》を利《り》用《よう》して、根元《ねもと》から一気《いっき》に刈《か》り取《と》っていきます。けれども弥生時代前期《やよいじだいぜんき》のイネ刈《か》りは、石《いし》でできた包丁《ほうちょう》（石《いし》包丁《ぼうちょう》）で、実《みの》った稲穂《いなほ》の先端《せんたん》の部分《ぶぶん》だけを摘《つ》み取《と》っていました（→103ページ）。イネの種類《しゅるい》によって成長《せいちょう》の速《はや》さが違《ちが》うため、常《つね》に実《みの》った分《ぶん》だけを摘《つ》み取《と》るようにしていたのです。

③弥生時代《やよいじだい》の稲作道具《いなさくどうぐ》

弥生時代《やよいじだい》の農具《のうぐ》は、木製《もくせい》のスキやクワなどで、やがて鉄製《てっせい》の刃《は》を取《と》り付《つ》けたものも使《つか》われるようになりました。このほか、足場《あしば》の悪《わる》い水田《すいでん》での農作業《のうさぎょう》がスムーズに行《おこな》える田下駄《たげた》や、もみ殻《がら》のついたイネを脱穀《だっこく》する臼《うす》と杵《きね》などもありました。

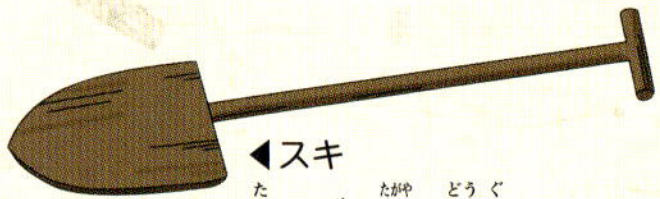

◀スキ
田《た》んぼを耕《たがや》す道具《どうぐ》。スコップのように土《つち》にさして足《あし》で踏《ふ》み、土《つち》を掘《ほ》り起《お》こしたりする

◀広《ひろ》グワ
田《た》んぼを耕《たがや》す道具《どうぐ》。振《ふ》り下《お》ろして土《つち》にさし、土《つち》を手前《てまえ》に引《ひ》きよせるようにして掘《ほ》り起《お》こす

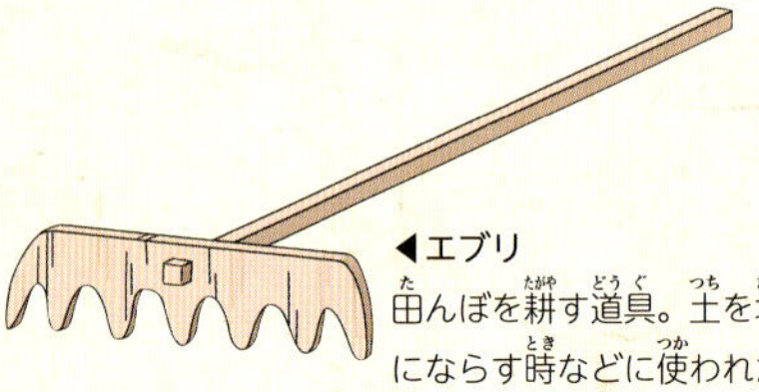

◀エブリ
田《た》んぼを耕《たがや》す道具《どうぐ》。土《つち》を均一《きんいつ》にならす時《とき》などに使《つか》われた

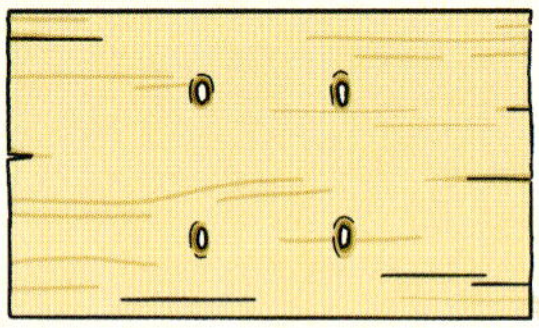

田下駄《たげた》
水田《すいでん》で作業《さぎょう》をする時《とき》にはく下駄《げた》。穴《あな》に通《とお》した鼻緒《はなお》（ヒモ）に足《あし》を引《ひ》っ掛《か》けてはく。ぬかるんだ水田《すいでん》に足《あし》が沈《しず》んで抜《ぬ》けにくくなるのを防《ふせ》ぐのに便利《べんり》

石包丁《いしぼうちょう》
実《みの》った稲穂《いなほ》を摘《つ》み取《と》る道具《どうぐ》。手《て》のひらにおさまるぐらいの大《おお》きさで、下《した》のイラストのように、穴《あな》にひもを通《とお》して使《つか》っていた

写真：杵築市教育委員会提供

臼《うす》と杵《きね》
脱穀《だっこく》に使《つか》う道具《どうぐ》。摘《つ》み取《と》った稲穂《いなほ》は、硬《かた》い穂《ほ》をとってモミにしたあと臼《うす》に入《い》れ、杵《きね》でついて薄《うす》いモミ殻《がら》をとりのぞく

写真：朝日新聞社

【石包丁《いしぼうちょう》の使《つか》い方《かた》】

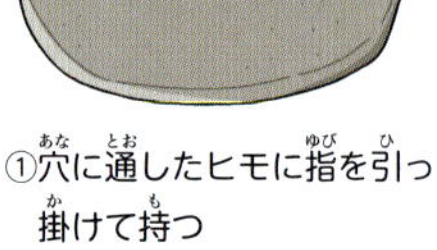

①穴《あな》に通《とお》したヒモに指《ゆび》を引《ひ》っ掛《か》けて持《も》つ

②稲穂《いなほ》の先端部分《せんたんぶぶん》に刃《は》をあてて摘《つ》み取《と》る

7章《しょう》
渡来人《とらいじん》を追《お》いかけろ!!

かき氷の完成だー!
シャーーーッ!!
冷たいよニャン丸
シャリシャリシャリシャリ
シャリシャリシャリ
パチパチ

ガサ
はあ
はあ
お……お姉《ねえ》ちゃん ムラを出《で》て ずっと歩《ある》きづめだよ…… 少《すこ》し休《やす》もうよ
そうね……
はぁ
はぁ

ふ〜
じつは
こんな時《とき》のために
とっといたんだけど……
ジャジャーーン
キャンディー
じゃない！
何《なん》スか？　これ
まぁ
口《くち》の中《なか》に
入《い》れてごらんよ
とろける〜る

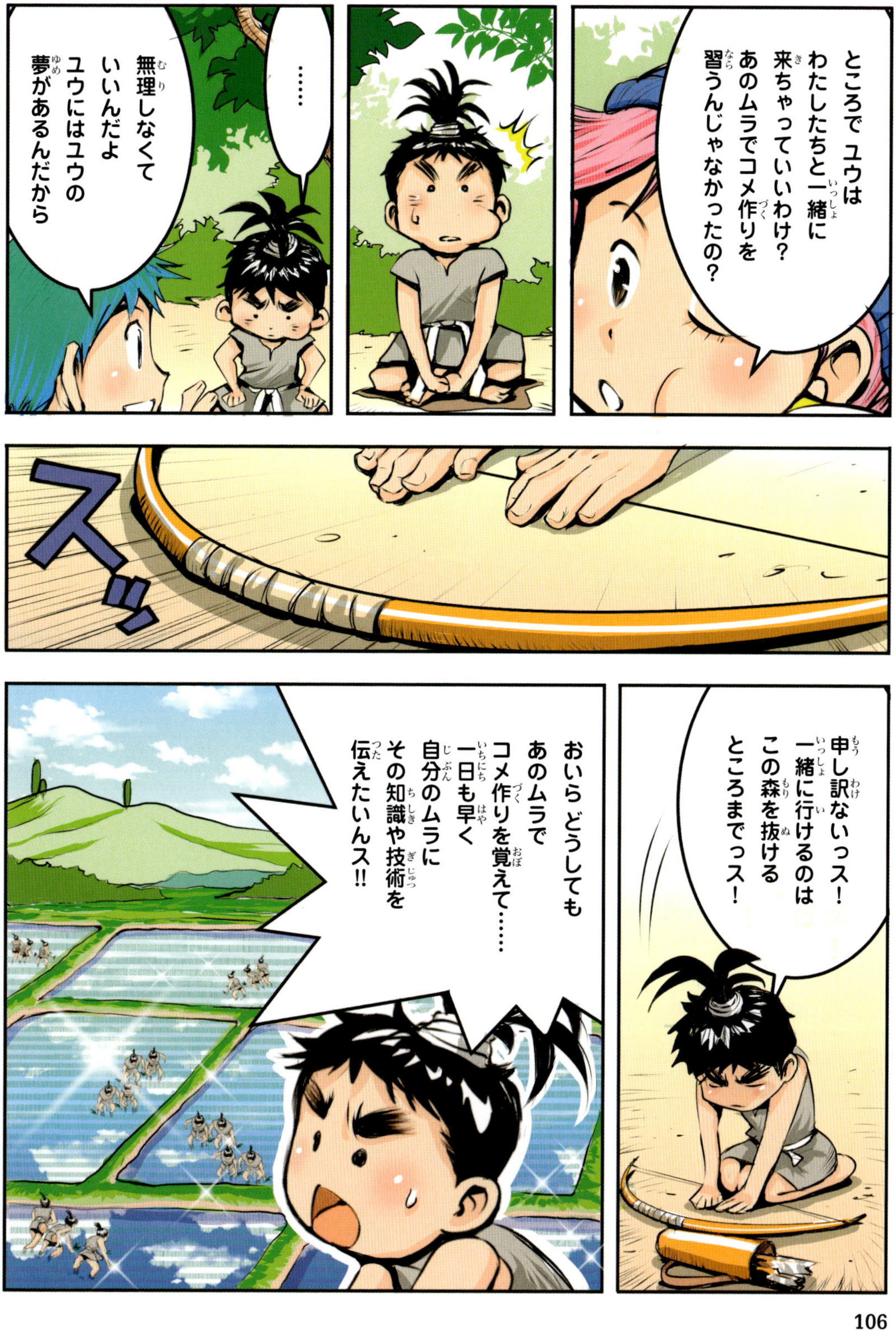
ところで ユウは わたしたちと一緒《いっしょ》に 来《き》ちゃっていいわけ？ あのムラでコメ作《づく》りを 習《なら》うんじゃなかったの？
……
無理《むり》しなくて いいんだよ ユウにはユウの 夢《ゆめ》があるんだから
スッ
申《もう》し訳《わけ》ないっス！ 一緒《いっしょ》に行《い》けるのは この森《もり》を抜《ぬ》ける ところまでっス！
おいら どうしても あのムラで コメ作《づく》りを覚《おぼ》えて…… 一日《いちにち》も早《はや》く 自分《じぶん》のムラに その知識《ちしき》や技術《ぎじゅつ》を 伝《つた》えたいんス!!

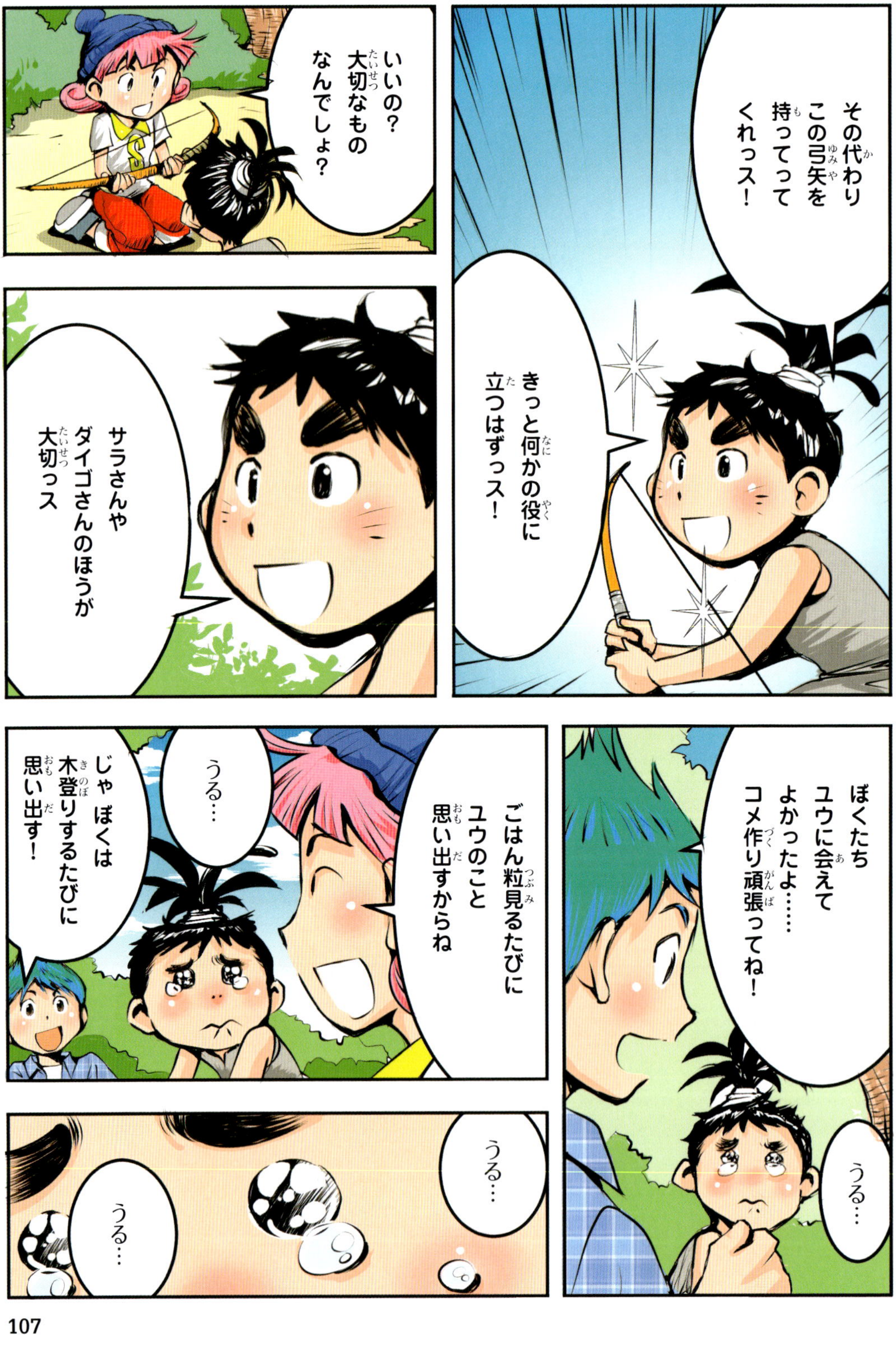
その代《か》わり この弓矢《ゆみや》を 持《も》ってって くれっス！
きっと何《なに》かの役《やく》に 立《た》つはずっス！
いいの？ 大切《たいせつ》なもの なんでしょ？
サラさんや ダイゴさんのほうが 大切《たいせつ》っス
ぼくたち ユウに会《あ》えて よかったよ…… コメ作《づく》り頑張《がんば》ってね！
うる…
ごはん粒《つぶ》見《み》るたびに ユウのこと 思《おも》い出《だ》すからね
うる…
じゃ ぼくは 木登《きのぼ》りするたびに 思《おも》い出《だ》す！
うる…
うる…

また会《あ》えるっスよねー？
うん！いつかまた会《あ》おうね～！
ひょっとしてユウがわたしたちのご先祖様《せんぞさま》だったりして
えっ？
だって似《に》てんのよね～ダイゴと
ダメダメなところが
お姉《ねえ》ちゃん……
あはは……そこがふたりのいいところじゃん

ドドドドド
ゴクゴク
ふはーっ
カオ～ この動物《どうぶつ》に 水《みず》飲《の》ませないと 死《し》んじゃう ゾナよ～
ん？
そうだな 珍《めずら》しい動物《どうぶつ》だから 殺《ころ》すのはもったいない ゾナからな
ついでに 勾玉《まがたま》も 首《くび》からはずすゾナ
袋《ふくろ》の口《くち》を ゆるめるゾナ
…… 用意《ようい》は いいゾナか？
キラリ

シャーッ!!
わっ!!
ズバババ
痛《いた》たたた
たたたたた!!
フギャ～!
ブンブンブン
ニン!
なんとかするゾナ～!!
みっ
水《みず》……
ほら
水《みず》ゾナよ～
水《みず》なんて
どうでもいいゾナ～
早《はや》く袋《ふくろ》に
戻《もど》すゾナ～
おとなしく
するゾナ～

まったく
とんでもない動物《どうぶつ》
ゾナ
勾玉《まがたま》
はずせなかったゾナ
あ……
ガサ
ガサ

お姉《ねえ》ちゃん煙《けむり》が見《み》えるよ！
きっとあそこが大《おお》きいムラなんだ！
ゴゴゴゴ
何《なに》してるの？
ユウからもらった弓矢《ゆみや》……いざという時《とき》のために練習《れんしゅう》をね……
パッ

当《あ》たった!
お姉《ねえ》ちゃんすっご～い
わたしって天才《てんさい》かも!!
ギリギリ
よーし……もう一度《いちど》
ギュン
あっ……
ギュン
ガッ

失敗《しっぱい》しちゃった
ギャーッ
えっ?
誰《だれ》か人《ひと》が……
ビューン
カーン!!
!!?
矢《や》が飛《と》んできたのはこの辺《あた》りだぞ
敵《てき》がいるはずだ逃《に》がすんじゃねーぞ!
ガサ
ガサ
ガサ
やっばーい!!
逃《に》げるわよダイゴ!!

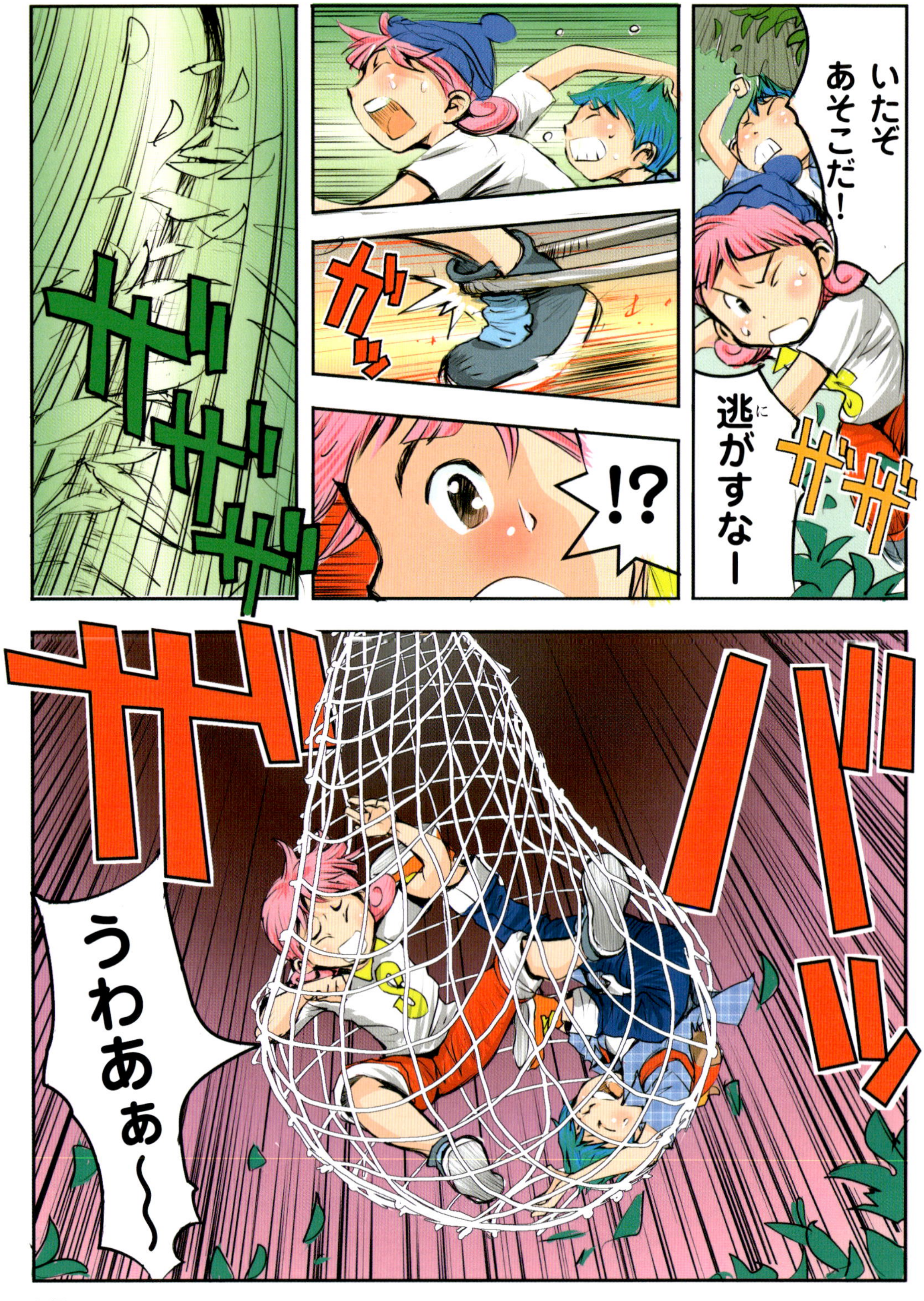
いたぞ
あそこだ!
逃《に》がすなー
ザザ
ガッ
!?
ザザザ
ザバッ
うわあぁ〜〜

弥生人《やよいじん》の生活《せいかつ》②　ファッション編《へん》

①日本《にほん》で最初《さいしょ》に麻布《あさぬの》の服《ふく》を着《き》た

弥生時代《やよいじだい》に日本《にほん》に来《き》た渡来人《とらいじん》たちは、機織《はたお》りの道具《どうぐ》や技術《ぎじゅつ》も日本《にほん》に伝《つた》えました。弥生時代《やよいじだい》の人々《ひとびと》は、機織《はたお》り機《き》で作《つく》った麻布《あさぬの》の服《ふく》を着《き》た最初《さいしょ》の日本人《にほんじん》だと考《かんが》えられています。

弥生時代《やよいじだい》の人々《ひとびと》は、どんな服装《ふくそう》や髪形《かみがた》をしていたのでしょう？「魏志倭人伝《ぎしわじんでん》」という中国《ちゅうごく》の古《ふる》い歴史書《れきししょ》には、弥生時代《やよいじだい》の人々《ひとびと》のこんな姿《すがた》が記《しる》されています。

男性《だんせい》は髪《かみ》を結《ゆ》い、頭《あたま》を布《ぬの》で巻《ま》くスタイルで、服《ふく》は横幅《よこはば》の広《ひろ》い布《ぬの》を結《むす》んだりして着《き》ていたそうです。女性《じょせい》は、まげを作《つく》るヘアスタイルに、２枚《まい》の長方形《ちょうほうけい》の布《ぬの》を縫《ぬ》い合《あ》わせて作《つく》った貫頭衣《かんとうい》を着《き》ていました。また、男女《だんじょ》ともはだしでした。男性《だんせい》は、大人《おとな》も子《こ》どもも、頭《あたま》や体《からだ》にいれずみをしていたそうです。

貫頭衣《かんとうい》の作《つく》り方《かた》
縦長《たてなが》の２枚《まい》の布《ぬの》を、中央《ちゅうおう》の頭《あたま》を出《だ》す部分《ぶぶん》と両脇《りょうわき》の腕《うで》を出《だ》す部分《ぶぶん》を残《のこ》して縫《ぬ》い合《あ》わせた服《ふく》

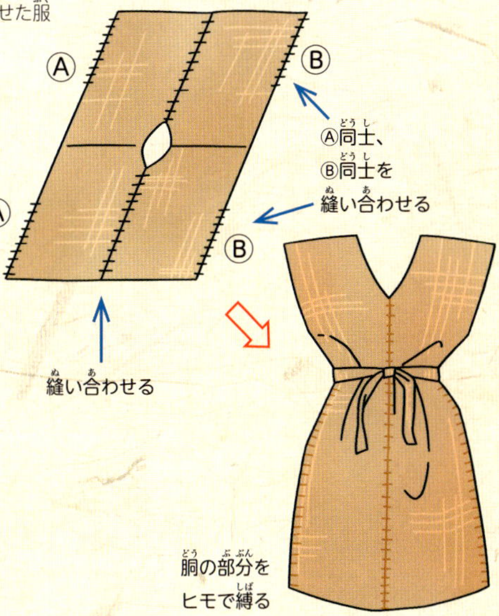
Ⓐ
Ⓑ
Ⓐ同士《どうし》、Ⓑ同士《どうし》を縫《ぬ》い合《あ》わせる
縫《ぬ》い合《あ》わせる
胴《どう》の部分《ぶぶん》をヒモで縛《しば》る

写真右《しゃしんみぎ》の女性《じょせい》が着《き》ている上着《うわぎ》が貫頭衣《かんとうい》

弥生時代《やよいじだい》の一般《いっぱん》の人々《ひとびと》の服装《ふくそう》の想像《そうぞう》
風俗博物館蔵

②身分《みぶん》によって服装《ふくそう》が違《ちが》った

弥生時代《やよいじだい》の一般《いっぱん》の人々《ひとびと》は、結婚式《けっこんしき》などの特別《とくべつ》な日《ひ》には、動物《どうぶつ》の骨《ほね》などを細工《さいく》したアクセサリーを身《み》につけるなど、いつもよりオシャレな格好《かっこう》をしたと考《かんが》えられています。

また身分《みぶん》によって、服装《ふくそう》が違《ちが》っていたとの説《せつ》が有力《ゆうりょく》です。身分《みぶん》の高《たか》い人《ひと》は、袖《そで》のついた赤《あか》や紫《むらさき》に染《そ》められた絹《きぬ》の服《ふく》を着《き》ていた地域《ちいき》もあったようです。

③弥生時代《やよいじだい》のオシャレカタログ

ムラのリーダー（首長《しゅちょう》）や巫女《みこ》など身分《みぶん》の高《たか》い人々《ひとびと》は、普段《ふだん》からガラス製《せい》のネックレスやブレスレットなど珍《めずら》しいオシャレグッズを身《み》につけていたようです。

ではその一部《いちぶ》をご紹介《しょうかい》しましょう。

青《あお》いガラスの腕輪《うでわ》
弥生時代《やよいじだい》には、ガラス製《せい》の勾玉《まがたま》や管玉《くだたま》も作《つく》られていた。大風呂南遺跡《おおふろみなみいせき》（京都府《きょうとふ》）で発見《はっけん》された

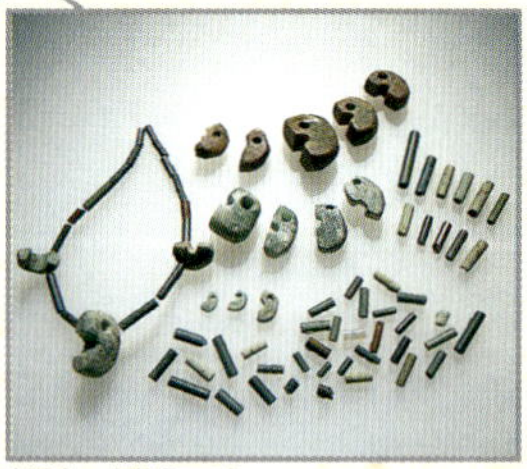

勾玉《まがたま》と管玉《くだたま》を連《つら》ねたネックレス（写真左《しゃしんひだり》）
Photo by T.Ogawa

鹿角製《ろっかくせい》の指輪《ゆびわ》
腕輪《うでわ》と指輪《ゆびわ》は、弥生時代《やよいじだい》の代表的《だいひょうてき》なアクセサリーだった
写真：神戸市教育委員会提供

8章《しょう》 ニャン丸《まる》 大《だい》ピンチ！

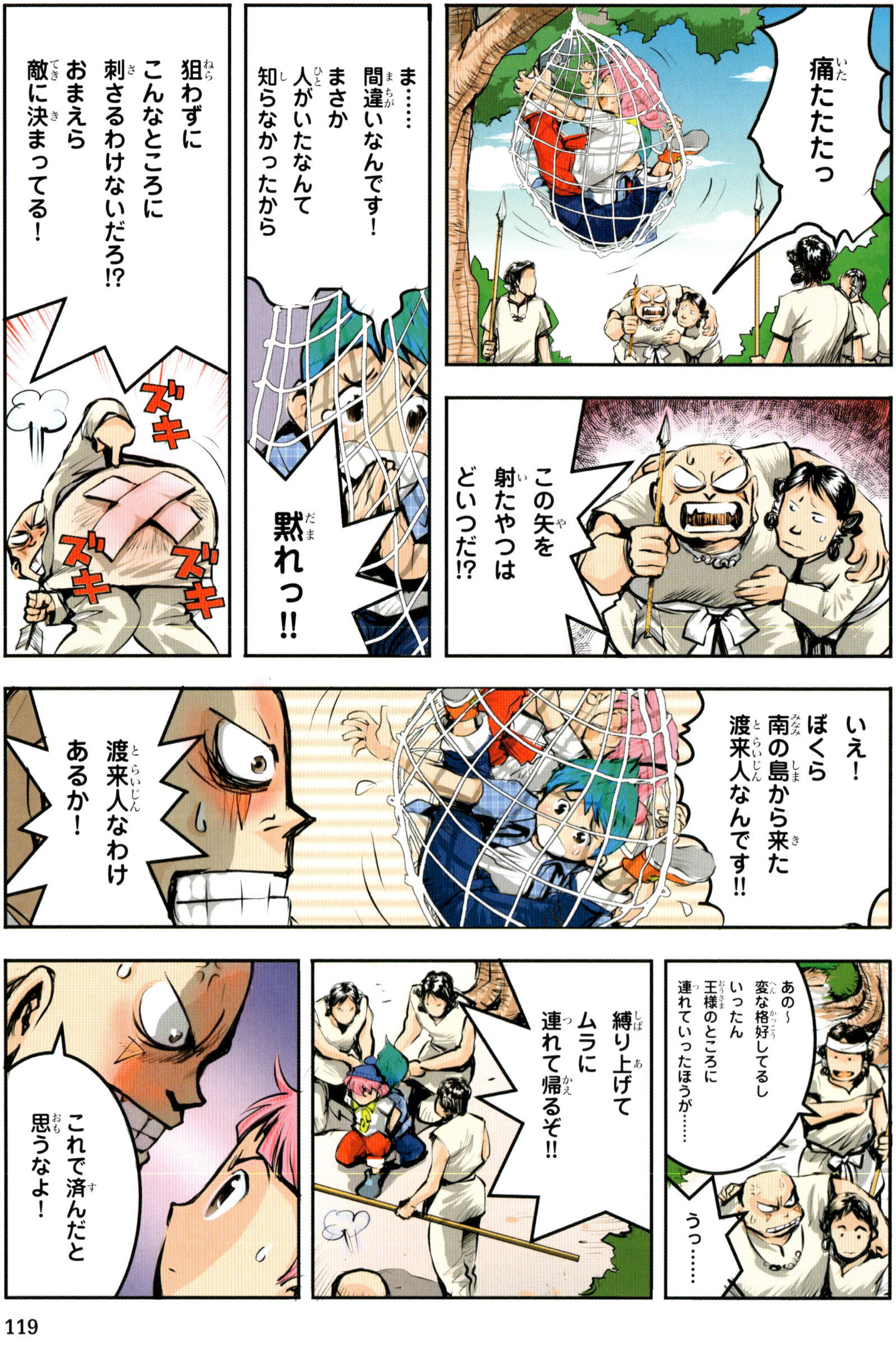

痛《いた》たたたっ
この矢《や》を射《い》たやつはどいつだ!?
ま……間違《まちが》いなんです！まさか人《ひと》がいたなんて知《し》らなかったから
黙《だま》れっ!!
狙《ねら》わずにこんなところに刺《さ》さるわけないだろ!?おまえら敵《てき》に決《き》まってる！
ズキ
ズキ
ズキ
いえ！ぼくら南《みなみ》の島《しま》から来《き》た渡来人《とらいじん》なんです!!
渡来人《とらいじん》なわけあるか！
あの～変《へん》な格好《かっこう》してるしいったん王様《おうさま》のところに連《つ》れていったほうが……
うっ……
縛《しば》り上《あ》げてムラに連《つ》れて帰《かえ》るぞ!!
これで済《す》んだと思《おも》うなよ！

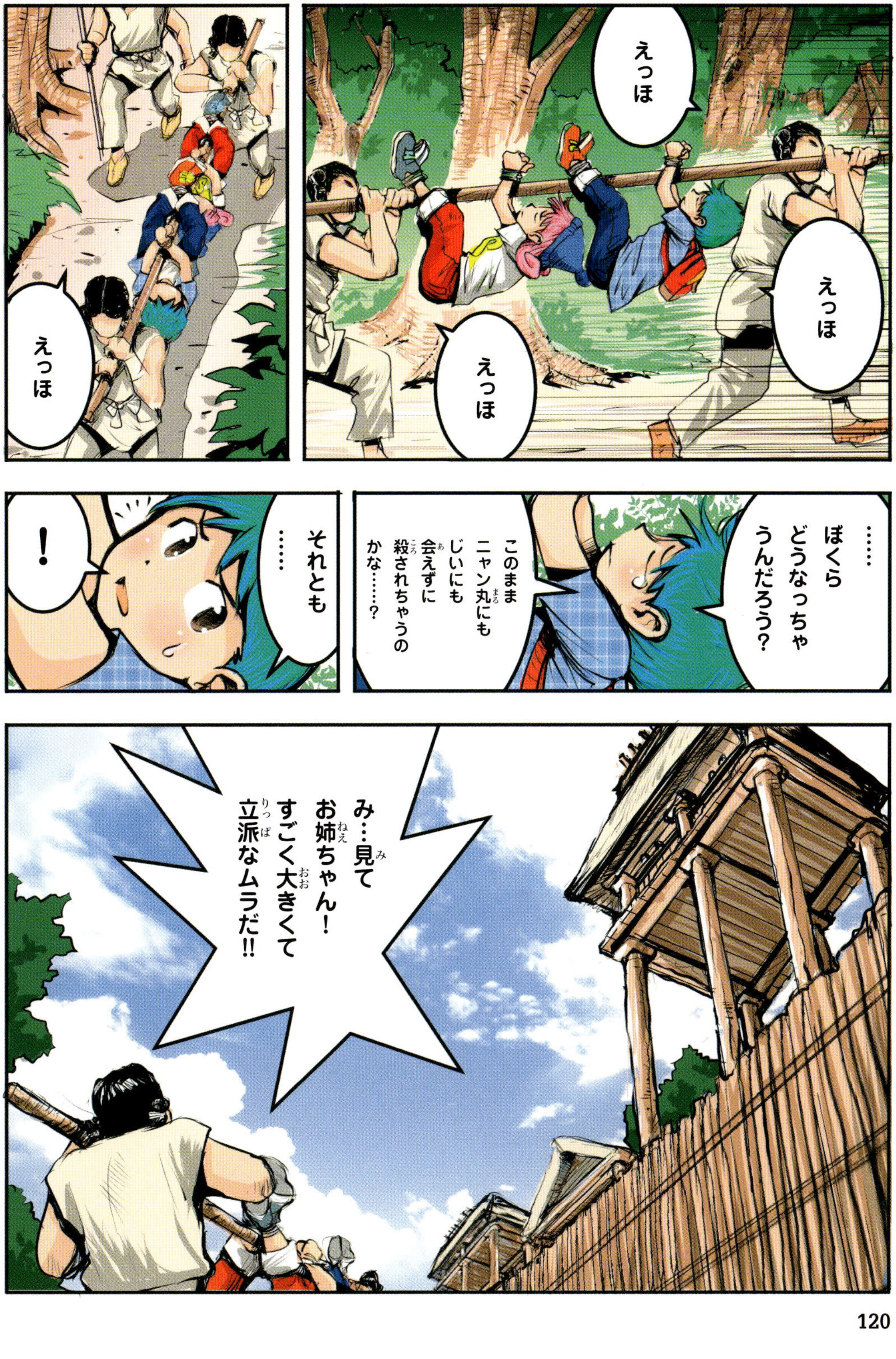
えっほ
えっほ
えっほ
えっほ
……ぼくらどうなっちゃうんだろう?
このままニャン丸《まる》にもじいにも会《あ》えずに殺《ころ》されちゃうのかな……?
それとも……
!
み…見《み》てお姉《ねえ》ちゃん! すごく大《おお》きくて立派《りっぱ》なムラだ!!

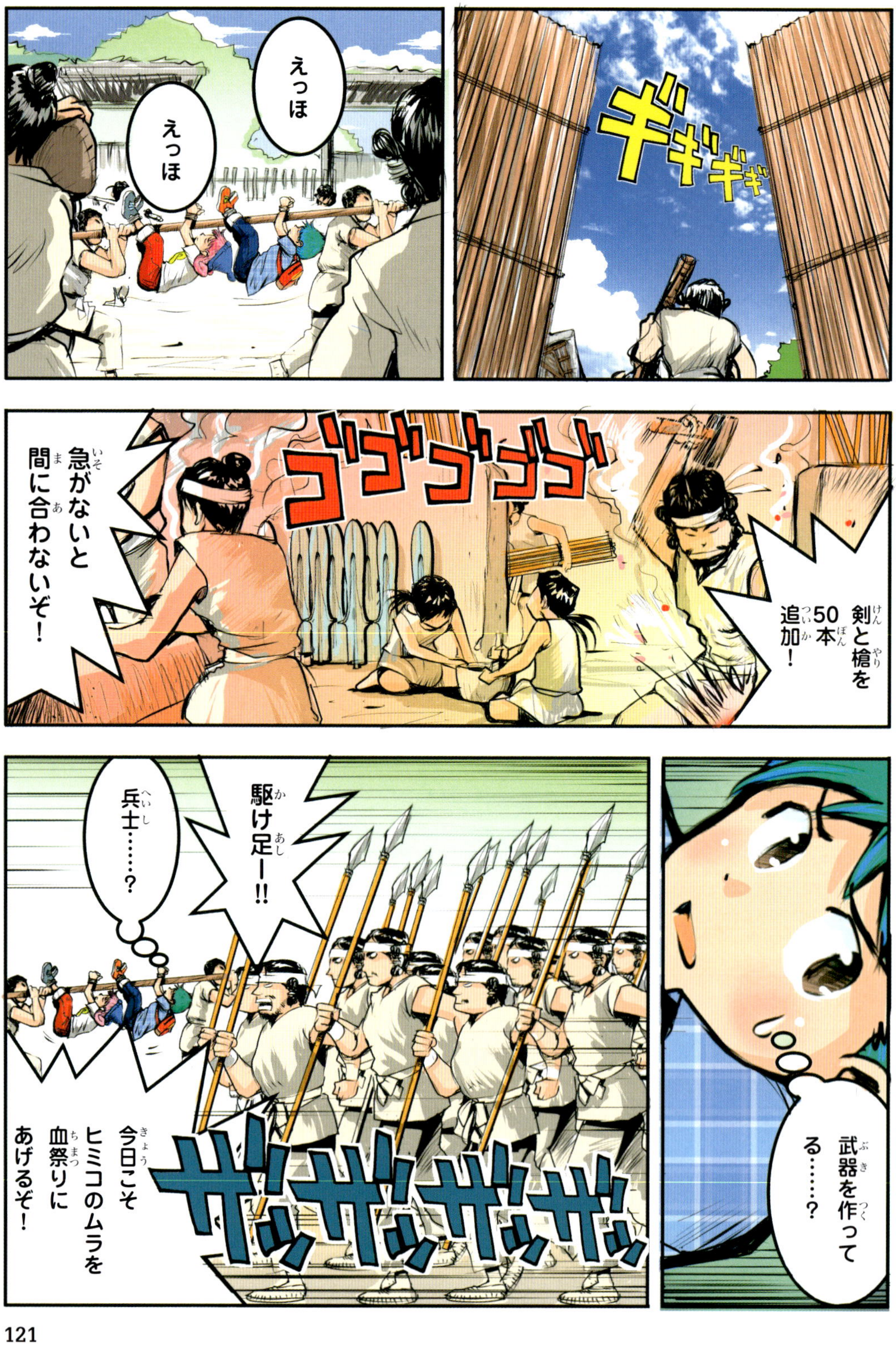

ギギギギ
えっほ
えっほ
剣《けん》と槍《やり》を50本《ぽん》追加《ついか》！
ゴゴゴゴゴ
急《いそ》がないと間《ま》に合《あ》わないぞ！
武器《ぶき》を作《つく》ってる……？
駆《か》け足《あし》ーー!!
兵士《へいし》……？
ザッザッザッザッ
今日《きょう》こそヒミコのムラを血祭《ちまつ》りにあげるぞ！

ヒミコのムラ……!?
そういえば長老《ちょうろう》さんが……
その大《おお》きなムラは今《いま》周《まわ》りのムラとの間《あいだ》で争《あらそ》いが起《お》きていて相当危険《そうとうきけん》だというがそれでも行《い》くというのかな?
お姉《ねえ》ちゃん「周《まわ》りのムラとの間《あいだ》で争《あらそ》いが起《お》きてる」って戦争《せんそう》をしているってことなのかな?
そうかもしれないね
はっ
ひょっとしてこれって……
敵《てき》に攻《せ》められて仲間《なかま》がみんな殺《ころ》されちゃう……!
このことなんじゃ……!?

うげっ
ドサッ
王様《おうさま》あやしいやつらを連《つ》れてきました！
おまえたち渡来人《とらいじん》だそうだが

そうよ！
遠《とお》くの南《みなみ》の島《しま》から
来《き》たんだから！
それが本当《ほんとう》か
わかる人間《にんげん》に
来《き》てもらった
わかる人間《にんげん》？
あああああっ!!
数時間前《すうじかんまえ》
まったく
とんでもない動物《どうぶつ》
ゾナ
勾玉《まがたま》
はずせなかったゾナ
ん？
もしや おふたりは
渡来人《とらいじん》では
ありませんかー？
何事《なにごと》ゾナ～!?

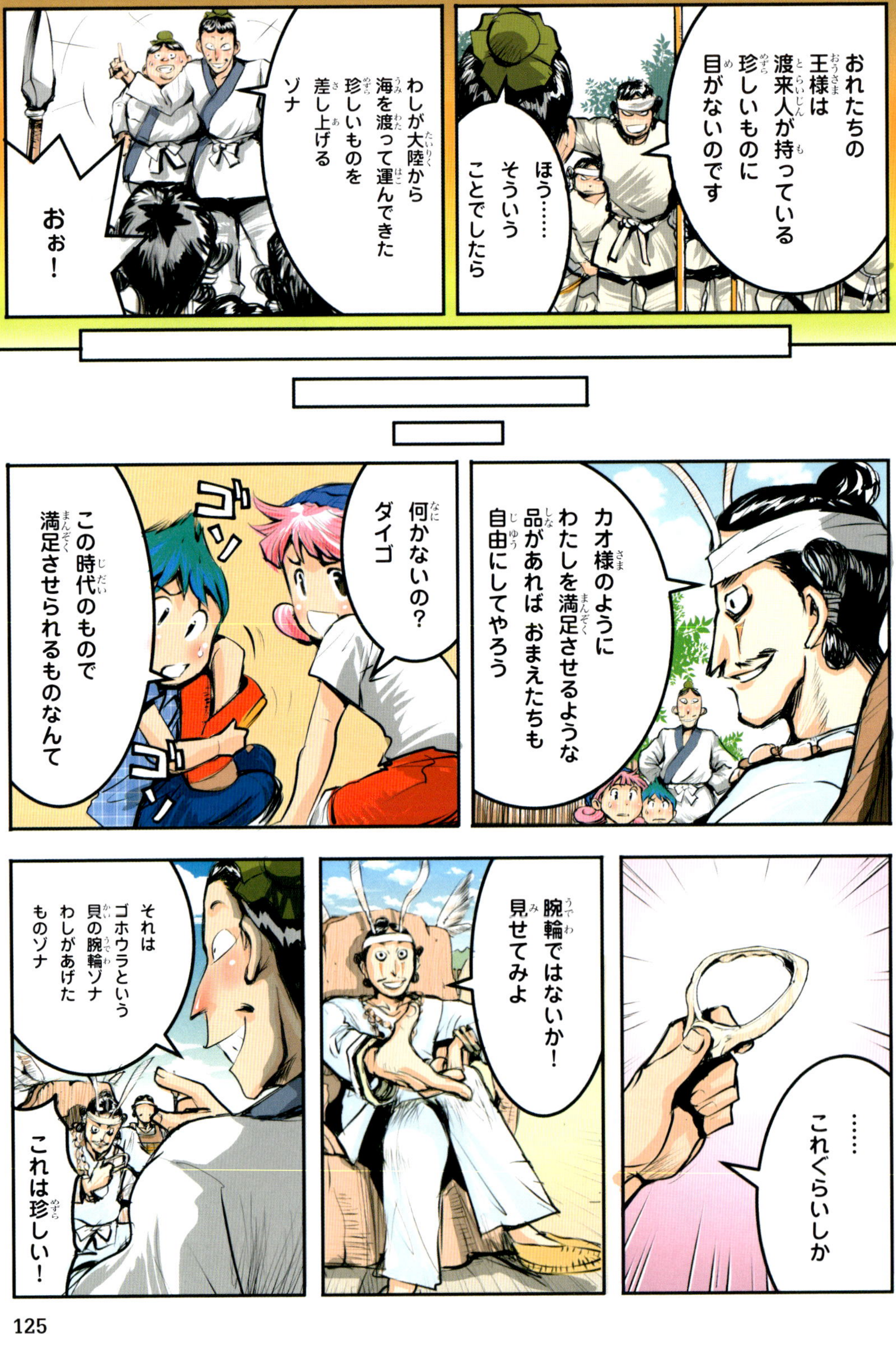
おれたちの王様《おうさま》は渡来人《とらいじん》が持《も》っている珍《めずら》しいものに目《め》がないのです
ほう……そういうことでしたら
わしが大陸《たいりく》から海《うみ》を渡《わた》って運《はこ》んできた珍《めずら》しいものを差《さ》し上《あ》げるゾナ
おぉ！
カオ様《さま》のようにわたしを満足《まんぞく》させるような品《しな》があれば おまえたちも自由《じゆう》にしてやろう
何《なに》かないの？ダイゴ
ゴソ
ゴソ
この時代《じだい》のもので満足《まんぞく》させられるものなんて
……これぐらいしか
腕輪《うでわ》ではないか！見《み》せてみよ
それはゴホウラという貝《かい》の腕輪《うでわ》ゾナ わしがあげたものゾナ
これは珍《めずら》しい！

うん
気《き》に入《い》ったぞ！
今夜《こんや》の戦《いくさ》に
着《つ》けていこう！
じゃあ わたしたち
自由《じゆう》に……
王様《おうさま》
こいつらは
わたしに矢《や》を放《はな》った者《もの》
敵《てき》のスパイかも
しれませんぞ！
バッ
スパイ……？
うーん
じゃあ とりあえず
牢屋《ろうや》にでも
放《ほう》り込《こ》んどけ
そっ……
そんなぁ～
あとはカオ様《さま》からもらった
あの珍《めずら》しい動物《どうぶつ》が
今夜《こんや》の戦《いくさ》をどう占《うらな》うかだ♡
えっ？

しらーーっ
まさか 珍《めずら》しい動物《どうぶつ》って ニャン丸《まる》のことじゃ……!?
カオ様《さま》には 感謝《かんしゃ》せねば
今《いま》までこのムラでは 亀《かめ》の甲羅《こうら》や 獣《けもの》の骨《ほね》を使《つか》って 吉兆《きっちょう》を占《うらな》ってきた……
しかし 今夜《こんや》から新《あたら》しい占《うらな》いが 渡来人《とらいじん》 カオ様《さま》とニン様《さま》の 指導《しどう》のもと 始《はじ》まるのだ!
生《い》きた動物《どうぶつ》を使《つか》った 絶対《ぜったい》当《あ》たる占《うらな》い!
そうですよね カオ様《さま》!
え…あ… まぁ そんなところゾナ ははは
おっと…… そろそろ わしら 占師《うらないし》のところへ 行《い》かないとゾナ
ちょっと! 「絶対《ぜったい》当《あ》たる占《うらな》い」って いったいニャン丸《まる》に 何《なに》をさせるつもりよ!?

ん？
おまえたちも
興味《きょうみ》があるのか
いいだろう
わがムラがどれほど
進《すす》んでいるのか
見《み》せてやる
例《れい》の
動物《どうぶつ》をここへもて！
あちゃ～
あいつら
余計《よけい》なことを
言《い》わなければ
いいゾナだが
……
バリッ
「シャーッ」
または
「フーッ」
という名《な》の
動物《どうぶつ》ゾナ
シャーーッ
ニャン丸《まる》
～!!
はっ

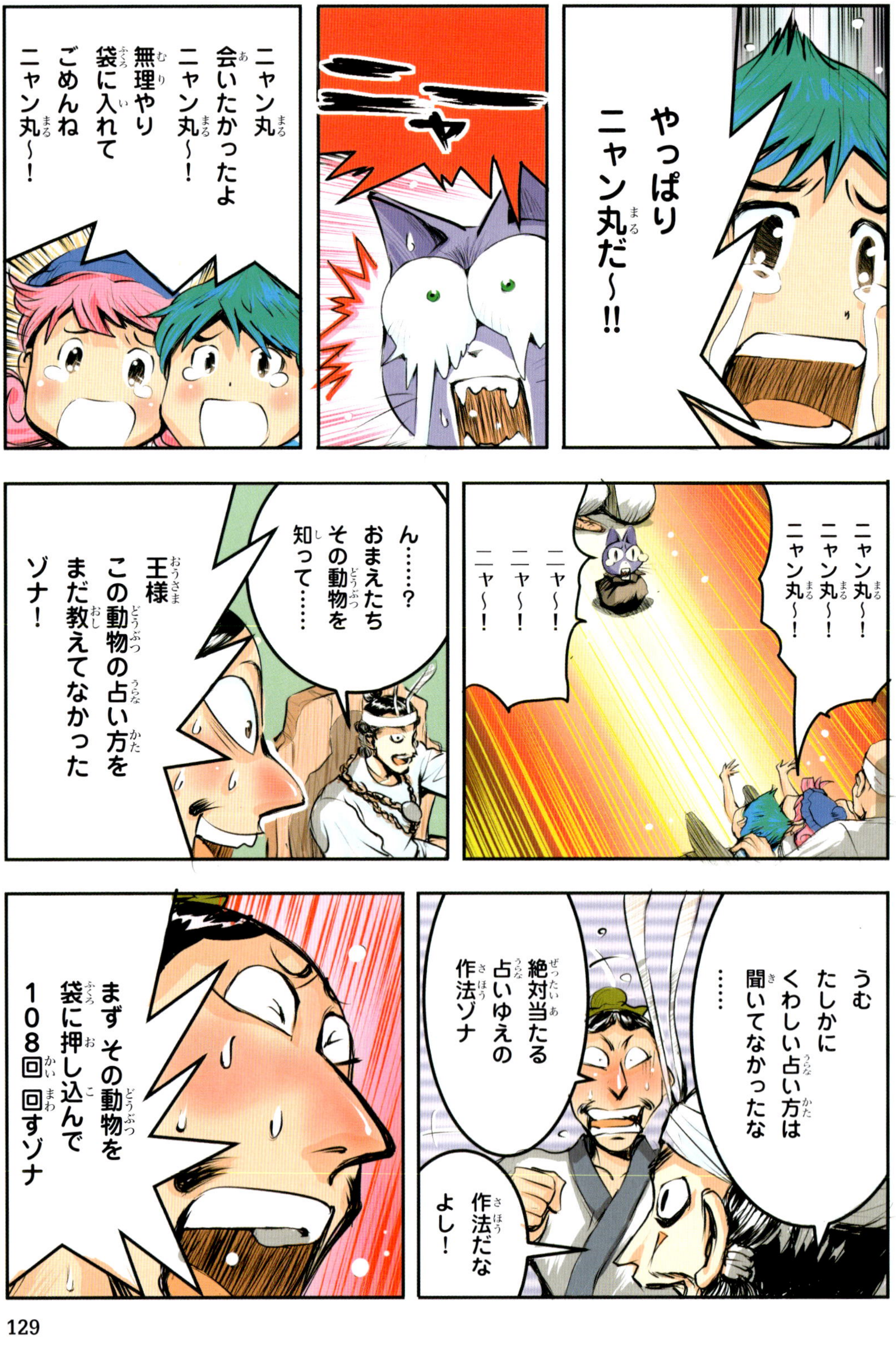
やっぱり ニャン丸《まる》だ～!!
ニャー
ニャン丸《まる》 会《あ》いたかったよ ニャン丸《まる》～! 無理《むり》やり 袋《ふくろ》に入《い》れて ごめんね ニャン丸《まる》～!
ニャン丸《まる》～! ニャン丸《まる》～! ニャン丸《まる》～!
ニャ～! ニャ～! ニャ～!
ん……? おまえたち その動物《どうぶつ》を 知《し》って……
王様《おうさま》 この動物《どうぶつ》の占《うらな》い方《かた》を まだ教《おし》えてなかった ゾナ!
うむ たしかに くわしい占《うらな》い方《かた》は 聞《き》いてなかったな ……
絶対《ぜったい》当《あ》たる 占《うらな》いゆえの 作法《さほう》ゾナ
作法《さほう》だな よし!
まず その動物《どうぶつ》を 袋《ふくろ》に押《お》し込《こ》んで 108回《かい》 回《まわ》すゾナ

百八回!!
ブン
ブン
ブン
次《つぎ》に
息《いき》の続《つづ》く限《かぎ》り
水《みず》の中《なか》に沈《しず》め……
でえ～!?
ブク
ブク
ブク
さらに
火《ひ》であぶり……!
いやぁあ～
ゴオオオオオォ

その後《ご》
パタリと倒《たお》れた
尻尾《しっぽ》の指《さ》す方角《ほうがく》から
攻《せ》めるのが吉《きち》という
占《うらな》いゾナ
パタ…
ピク
ピク
ピク
吉
うむ
では さっそく
占《うらな》いを
始《はじ》めようぞ！
ニャニャニャニャニャ～～～～!!
(助《たす》けて～～～～!!)

弥生時代《やよいじだい》に戦争《せんそう》が起《お》こった

▲吉野ケ里遺跡《よしのがりいせき》（佐賀県《さがけん》）
弥生時代《やよいじだい》の建物《たてもの》が復元《ふくげん》されている（→171ページ）

①コメ作《づく》りで登場《とうじょう》したリーダー

水田稲作《すいでんいなさく》では、田《た》んぼを耕《たがや》す、イネを植《う》える、実《みの》ったコメを収穫《しゅうかく》するなどの様々《さまざま》な農作業《のうさぎょう》を、ムラの仲間《なかま》が協力《きょうりょく》して行《おこな》っていました。

ムラ人《びと》の中《なか》からは、みんなをまとめ指導《しどう》するリーダー（首長《しゅちょう》）が生《う》まれました。人々《ひとびと》はリーダーを中心《ちゅうしん》にムラを発展《はってん》させました。リーダーの中《なか》には武力《ぶりょく》などで周《しゅう》囲《い》のムラを従《したが》え、ムラより規模《きぼ》の大《おお》きい小《ちい》さなクニを作《つく》り、王《おう》となった者《もの》もいました。

②争《あらそ》いの理由《りゆう》は「コメ」!?

弥生時代《やよいじだい》のことが書《か》かれた、中国《ちゅうごく》のいくつかの古《ふる》い歴史書《れきししょ》には、この時代《じだい》の日本《にほん》では、長《なが》い間《あいだ》クニ同士《どうし》が激《はげ》しい戦争《せんそう》を行《おこな》っていたことが記《しる》されています。ムラからクニになり、集落《しゅうらく》の人口《じんこう》が増《ふ》えると、たくさんのコメが必要《ひつよう》です。人々《ひとびと》は、収穫《しゅうかく》したコメやコメ作《づく》りに欠《か》かせない広《ひろ》い土地《とち》や水《みず》をめぐって、争《あらそ》っていたと考《かんが》えられています。

もの知りコラム

弥生時代《やよいじだい》の武器《ぶき》

戦争《せんそう》が行《おこな》われるようになると、様々《さまざま》な武器《ぶき》が発達《はったつ》してきました。縄文時代《じょうもんじだい》、主《おも》に狩《か》りの道具《どうぐ》として使《つか》われていた弓矢《ゆみや》は、弥生時代《やよいじだい》には戦士《せんし》の重要《じゅうよう》な武器《ぶき》となりました。このほか、木製《もくせい》や石製《いしせい》の武器《ぶき》も使《つか》われるようになりました。

◆◆◆

弥生時代《やよいじだい》には、稲作《いなさく》のほかに中国《ちゅうごく》から朝鮮半島《ちょうせんはんとう》を経由《けいゆ》して青銅《せいどう》や鉄《てつ》などの金属器《きんぞくき》も伝《つた》わってきました。なかには、剣《けん》や矛《ほこ》、戈《か》などの優《すぐ》れた金属製《きんぞくせい》の武器《ぶき》も伝《つた》わりました。

青銅製《せいどうせい》の武器《ぶき》が九州北部《きゅうしゅうほくぶ》に伝《つた》わると、この地域《ちいき》を中心《ちゅうしん》に、日本《にほん》でも青銅製《せいどうせい》の武器《ぶき》が生産《せいさん》されるようになりました。

◆◆◆

青銅製《せいどうせい》の武器《ぶき》は、ほぼ同時期《どうじき》に入《はい》ってきた鉄器《てっき》の普及《ふきゅう》で鉄《てつ》の武器《ぶき》が主流《しゅりゅう》になったので、祭《まつ》りの器具《きぐ》へと変《か》わっていきました。

これらの武器《ぶき》は、持《も》ち主《ぬし》が亡《な》くなった後《あと》は、亡《な》きがらとともに棺《ひつぎ》に納《おさ》められることもありました。

弥生時代《やよいじだい》のキーパーソン 1

完全武装《かんぜんぶそう》で挑《いど》む！

弥生時代《やよいじだい》の戦士《せんし》

★弥生時代前期《やよいじだいぜんき》

右手《みぎて》には戈《か》、左手《ひだりて》には盾《たて》を持《も》つ勇《いさ》ましい姿《すがた》の戦士《せんし》の模型《もけい》。盾《たて》と身《み》につけた鎧《よろい》で身《み》を守《まも》り、防御対策《ぼうぎょたいさく》もバッチリだ！

国立歴史民俗博物館蔵

弥生時代《やよいじだい》のキーパーソン 2

モノづくり日本《にほん》のルーツ？

弥生時代《やよいじだい》の職人《しょくにん》さん

★弥生時代後期《やよいじだいこうき》

青銅器《せいどうき》を作《つく》る工房《こうぼう》の様子《ようす》（復元《ふくげん》）。青銅器《せいどうき》は、銅《どう》とすず、鉛《なまり》などを高熱《こうねつ》で溶《と》かし、それを鋳型《いがた》に流《なが》し入《い》れて作《つく》る

写真：春日市教育委員会提供

9章《しょう》

奇跡《きせき》の再会《さいかい》！

おお!!
手品〜〜〜！
ニャン♡
パッ

ドン
さっさと歩《ある》け!!
おれのお尻《しり》をこんなにしたことを後悔《こうかい》させてやる
ザッ

ドカ
ニャン丸《まる》を助《たす》けるためにぐずぐずしてる時間《じかん》はないのっ!!
ピュー
いや～ん
またお尻《しり》を～

急《いそ》ごうお姉《ねえ》ちゃん！
早《はや》くしないとニャン丸《まる》がブンブンのブクブクのボーボーにされちゃう!!
ぐー
占師《うらないし》
王様《おうさま》袋《ふくろ》の口《くち》をゆるめるから用心《ようじん》するゾナ
うむ
キラリ
いだだだだだっ
ひ〜〜
やっぱりゾナ…

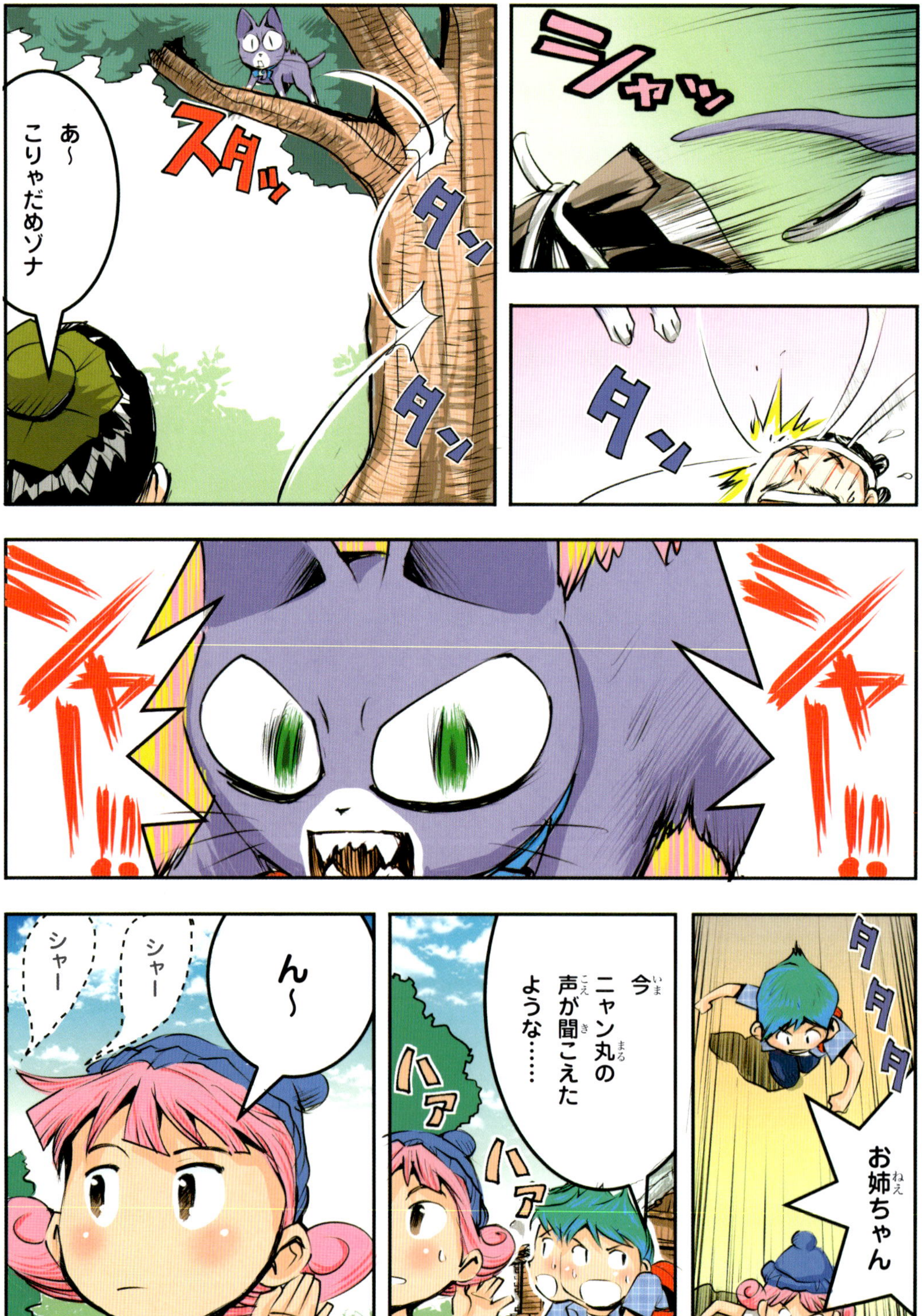
ミシャッ
スタッ
タンッ
タンッ
あ～
こりゃだめゾナ
タンッ
シャー!!
シャー!!
タタタタ
お姉《ねえ》ちゃん
今《いま》ニャン丸《まる》の声《こえ》が聞《き》こえたような……
ハア
ハア
ん～
シャー
シャー

あっ ニャン丸《まる》だ!!
?
ニャン丸《まる》ー ニャン丸《まる》ー
ユサ ユサ
ど……どうしよう 動《うご》かないゾナ……
あちゃ〜
こりゃ まずいゾナ
あっ!
げっ!
あんたたち 今《いま》まで よくも……!
逃《に》げるゾナ〜!!

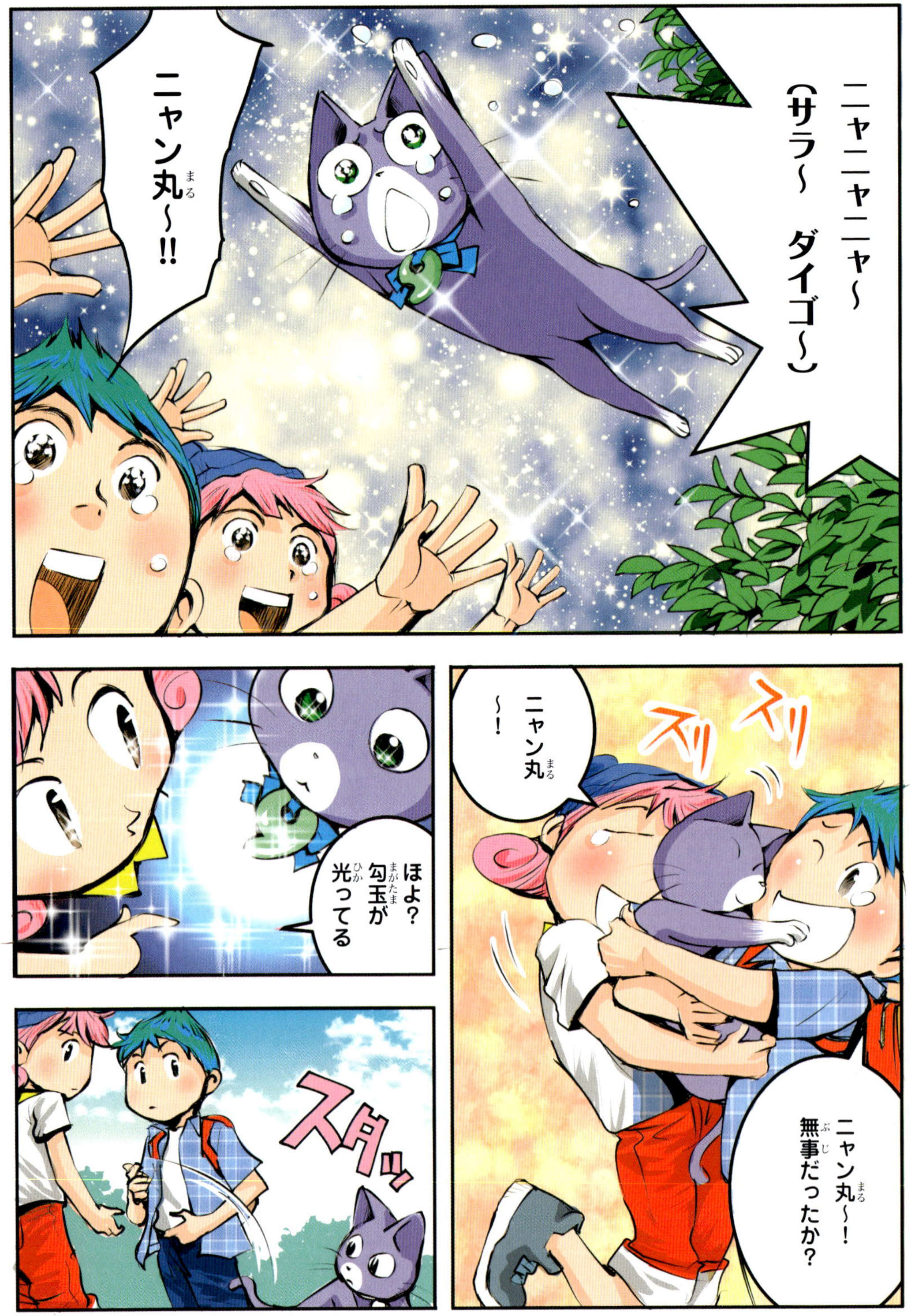
ニャニャニャ～
(サラ～ ダイゴ～)
ニャン丸《まる》～!!
スリ スリ
ニャン丸《まる》～!
ニャン丸《まる》～! 無事《ぶじ》だったか?
ほよ? 勾玉《まがたま》が光《ひか》ってる
スタッ

ニャー ニャー ニャー
ニャニャ ニャニャ ニャー
何《なに》か 伝《つた》えたいことが あるみたい
ダッ
あっ ニャン丸《まる》！
きっと 連《つ》れていきたいところが あるんだよ
シュタタタタタ
んっ？

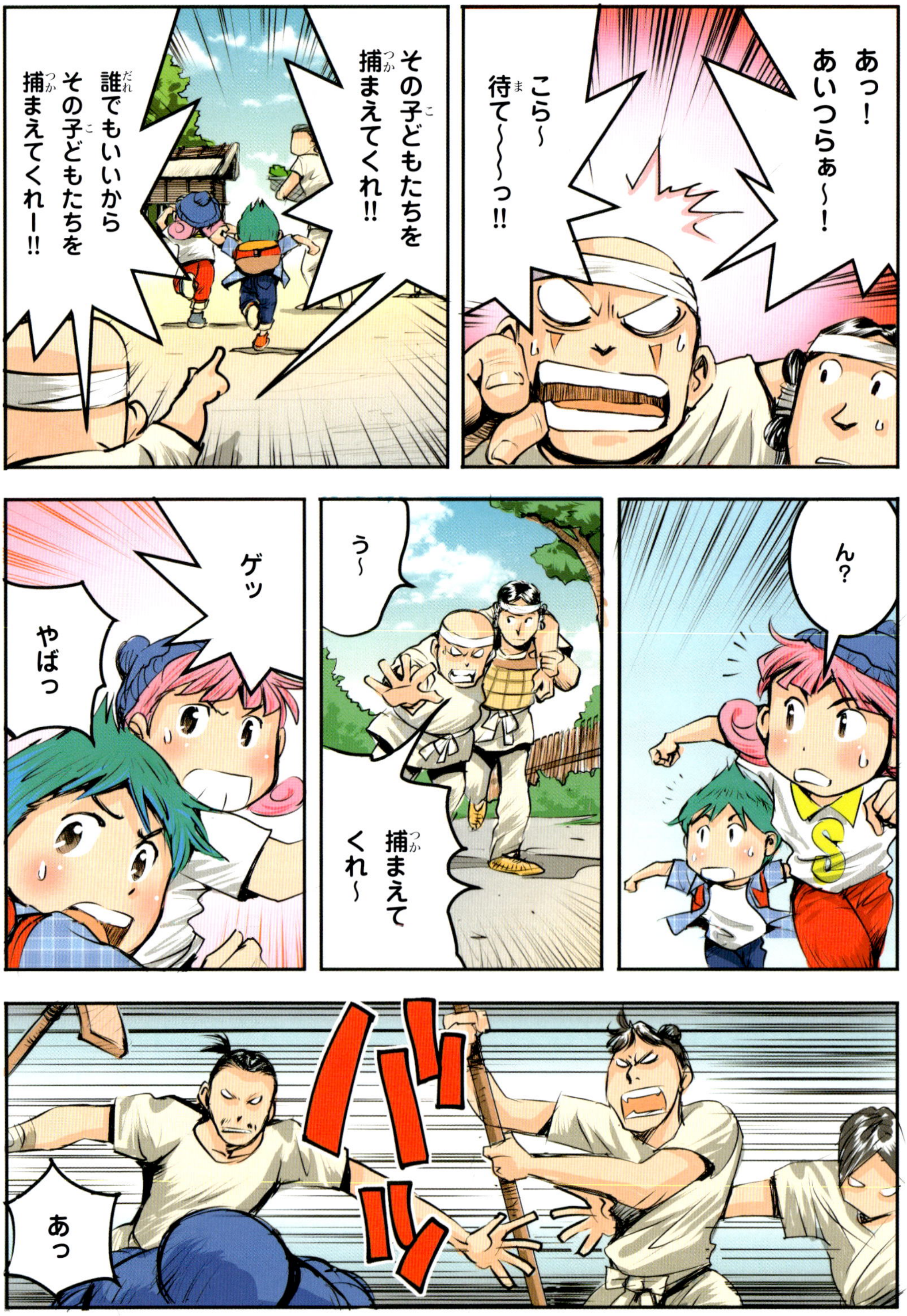
あっ！あいつらぁ～！
こら～待《ま》て～～っ!!
その子《こ》どもたちを捕《つか》まえてくれ!!
誰《だれ》でもいいからその子《こ》どもたちを捕《つか》まえてくれー!!
ん？
う～
捕《つか》まえてくれ～
ゲッ
やばっ
あっ

スカッ
オヨッ
ダダダダダダダダダ
アラッ
お姉《ねえ》ちゃん
待《ま》ってぇ〜!!
ダイゴこっち
ぜー
はー
ぜー
待《ま》て〜!
ドドドドド
ニャン丸《まる》?
あっちに
行《い》ったぞ〜!
ビュッ

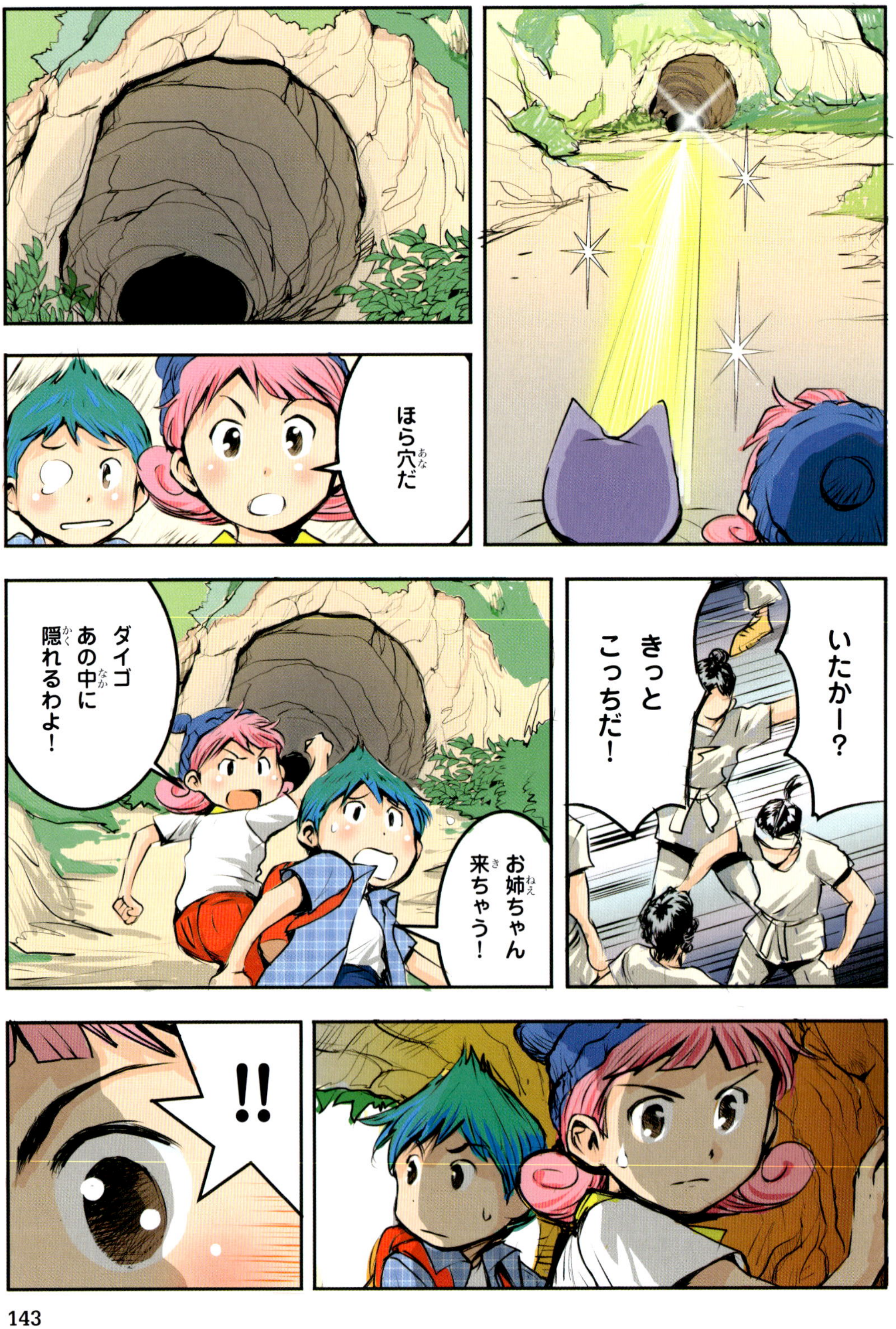
ほら穴《あな》だ
いたかー？
きっと
こっちだ！
ダイゴ
あの中《なか》に
隠《かく》れるわよ！
お姉《ねえ》ちゃん
来《き》ちゃう！
!!

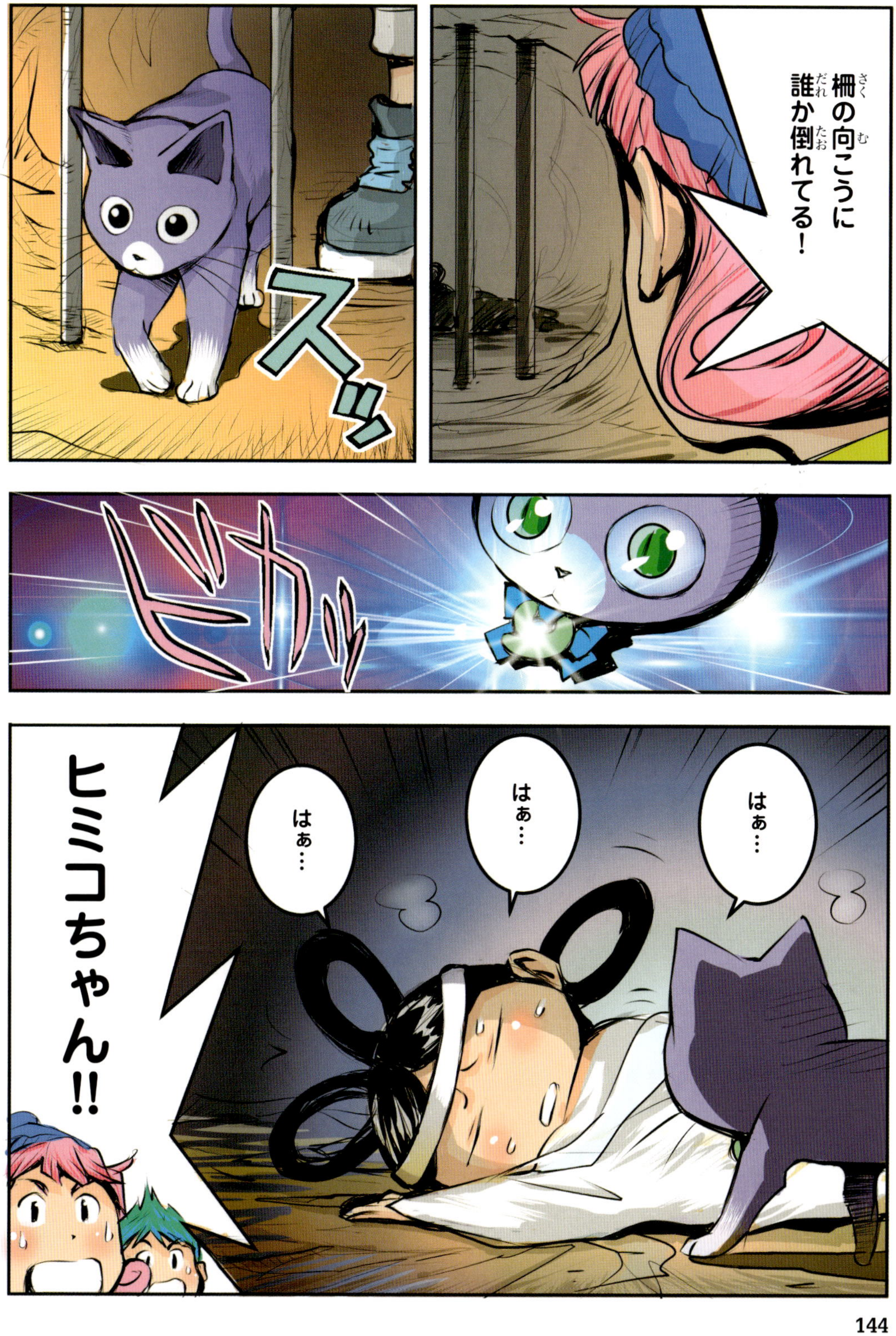
柵《さく》の向《む》こうに
誰《だれ》か倒《たお》れてる!
スッ
ピカッ
はぁ…
はぁ…
はぁ…
ヒミコちゃん!!

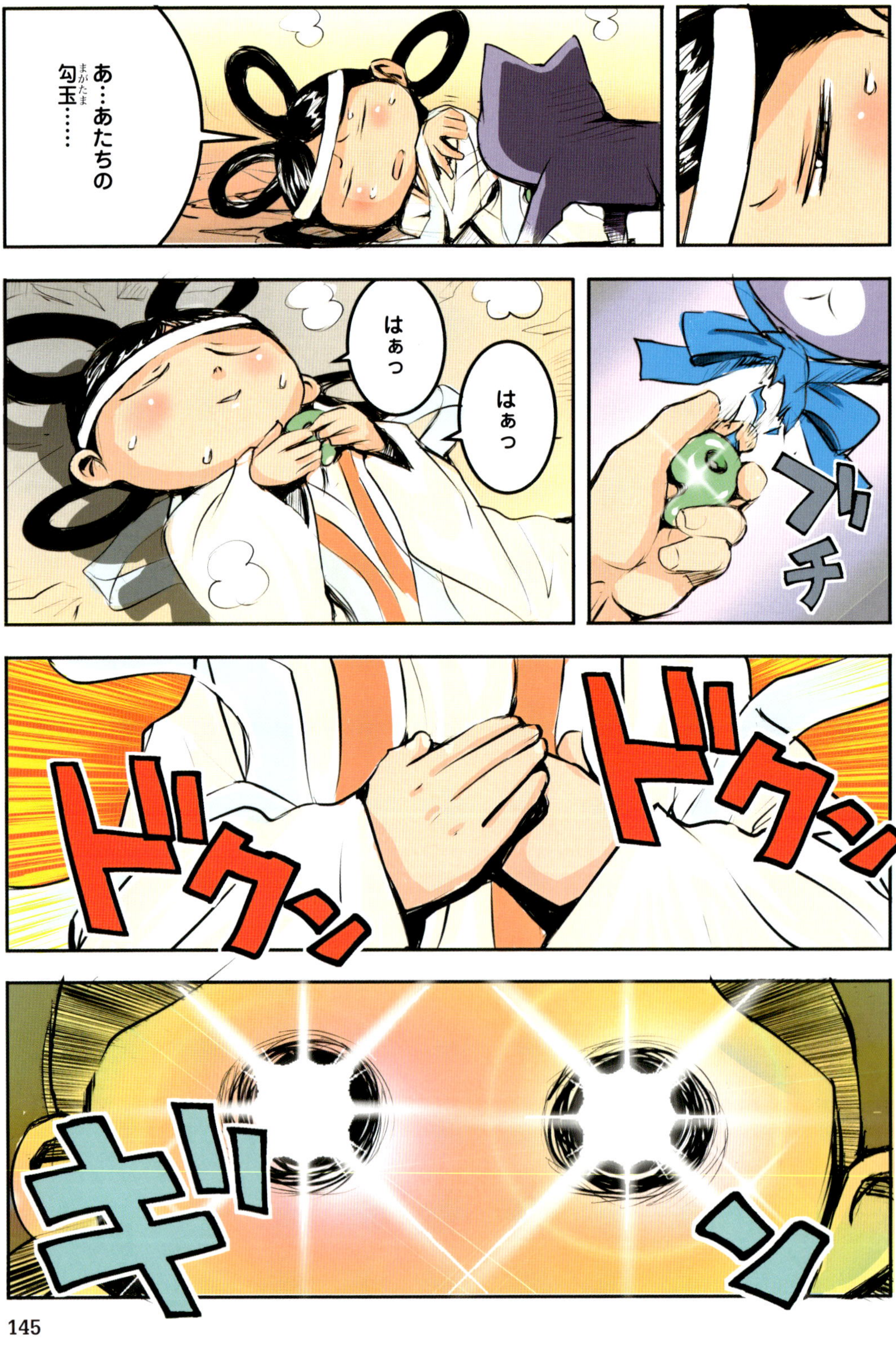
あ…あたちの
勾玉《まがたま》……
はぁっ
はぁっ
ブチ
ドクンッ
ドクンッ
ギンッ

ピッ
!!
ビシ
ビシ
ビシ
ビシ
本当《ほんとう》に返《かえ》ちにきてくれたのね
ウフッ
きみ……このムラの人《ひと》にさらわれていたんだね

何日《なんにち》も ここに 閉《と》じ込《こ》められてたの
えーっと…… 今《いま》のって 長老《ちょうろう》が言《い》ってた 不思議《ふしぎ》な力《ちから》の一《ひと》つ ……？
ビシ ビシ ビシ
この勾玉《まがたま》は おババ様《さま》の形見《かたみ》……
これがそばにあると 不思議《ふしぎ》な力《ちから》が 使《つか》えるようになるの ……
まだ起《お》きてもいない 出来事《できごと》が 突然頭《とつぜんあたま》の中《なか》に 見《み》えたり 感《かん》じられたり……
その力《ちから》で ムラを救《すく》ったことも あったわ
大切《たいせつ》なもの なんだね
コク

はっ
このムラの人《ひと》たちがあたちのムラを狙《ねら》ってるって早《はや》くムラの人《ひと》たちに伝《つた》えなくちゃ……
あわわわ
助けて～
ひ～
こんなことちてられないんだった……
うん！武器《ぶき》や兵士《へいし》の準備《じゅんび》をしたり戦《いくさ》の占《うらな》いをしようとしたりしていたよ
だいたいさぁ何《なん》であんたのムラは狙《ねら》われてるの？
んー土地《とち》の奪《うば》い合《あ》いをちてるみたい
もう何年《なんねん》も争《あらそ》い合《あ》ってるのよ
どうちてみんな仲良《なかよ》くできないのかなぁ

とにかく早《はや》くここを出《で》てムラの外《そと》に逃《に》げよう
ぴくっ!
しっ! 誰《だれ》か このほら穴《あな》に入《はい》ってきたみたい
ゴク・・

卑弥呼《ひみこ》ってどんな人《ひと》？

纒向遺跡《まきむくいせき》（奈良県《ならけん》）にある箸墓古墳《はしはかこふん》
卑弥呼《ひみこ》の墓《はか》といわれている（→170ページ）

写真：朝日新聞社

①日本初《にほんはつ》の女王《じょおう》は卑弥呼《ひみこ》だった!!

弥生時代《やよいじだい》の日本《にほん》は、当時《とうじ》の中国《ちゅうごく》から「倭国《わこく》（倭《わ》）」と呼《よ》ばれていました。中国《ちゅうごく》の古《ふる》い歴史書《れきししょ》「魏志倭人伝《ぎしわじんでん》」によると、倭《わ》では30あまりのクニの王《おう》たちが、クニグニをまとめる王《おう》として卑弥呼《ひみこ》を立《た》てたとあります。

卑弥呼《ひみこ》が王《おう》になる前《まえ》の倭《わ》は、男《おとこ》の王《おう》が支配《しはい》する、争《あらそ》いの絶《た》えない状態《じょうたい》でした。卑弥呼《ひみこ》が女王《じょおう》になってからは、争《あらそ》いがなくなり、倭《わ》に平和《へいわ》が訪《おとず》れたそうです。

再《ふたた》び大《おお》きな戦争《せんそう》が起《お》こったのは、卑弥呼《ひみこ》が亡《な》くなる少《すこ》し前《まえ》。彼女《かのじょ》の住《す》む邪馬台国《やまたいこく》と、邪馬台国《やまたいこく》の南《みなみ》にあった狗奴国《くなこく》との戦争《せんそう》によって平和《へいわ》が乱《みだ》されました。卑弥呼《ひみこ》はこの戦《たたか》いのころに亡《な》くなったそうです。

ほかにも卑弥呼《ひみこ》については、ほとんど人前《ひとまえ》に姿《すがた》を見《み》せない、1千人《せんにん》の召使《めしつかい》がいた、一生独身《いっしょうどくしん》だったなどと記《しる》されています。

②卑弥呼《ひみこ》の行《おこな》った占《うらな》い

卑弥呼《ひみこ》は、神《かみ》に仕《つか》えて祈《いの》りをささげたり神《かみ》のお告《つ》げを聞《き》いたりする巫女《みこ》だったと考《かんが》えられています。「魏《ぎ》志倭人伝《しわじんでん》」によると、彼女《かのじょ》は鬼道《きどう》という術《じゅつ》を使《つか》って国《くに》を治《おさ》めたとあります。鬼道《きどう》がどんな術《じゅつ》だったのかは、詳《くわ》しい史料《しりょう》がないためはっきりわかりませんが、様々《さまざま》な説《せつ》が考《かんが》えられています。例《たと》えば、神《かみ》に乗《の》り移《うつ》られた卑《ひ》弥呼《みこ》が、コメ作《づく》りや戦争《せんそう》を始《はじ》めるのに最適《さいてき》な時期《じき》を神《かみ》から聞《き》くという説《せつ》。魏《ぎ》（中国《ちゅうごく》）ではやっていた「五斗《ごと》米道《べいどう》」という宗教《しゅうきょう》だったという説《せつ》。中国《ちゅうごく》における、先《せん》祖《ぞ》を祭《まつ》る宗教《しゅうきょう》だったという説《せつ》などがあります。

③王《おう》の証《あか》し「金印《きんいん》」

女王《じょおう》となった卑弥呼《ひみこ》は、魏《ぎ》に使《つか》いを送《おく》り、皇帝《こうてい》の明《めい》帝《てい》から「親魏倭王《しんぎわおう》（魏《ぎ》に従《したが》う倭《わ》の王《おう》）」に任命《にんめい》されました。中国《ちゅうごく》から、倭《わ》の王《おう》だと認《みと》められた卑弥呼《ひみこ》は、その証《あか》しに明帝《めいてい》から金印《きんいん》を与《あた》えられたそうです。しかしその金印《きんいん》は行方不明《ゆくえふめい》になっていて、現在《げんざい》も見《み》つかっていません。

巫女《みこ》が神《かみ》に祈《いの》りをささげ、お告《つ》げを聞《き》く様子《ようす》（復元《ふくげん》）
吉野ケ里遺跡《よしのがりいせき》にある
写真：国営海の中道海浜公園事務所所有

卑弥呼《ひみこ》の金印《きんいん》はきっと
日本《にほん》のどこかに
眠《ねむ》っているゾナ！

「漢委奴国王《かんのわのなのこくおう》」の金印《きんいん》
倭《わ》の奴国《なこく》の王《おう》が後漢《ごかん》（中国《ちゅうごく》）の皇帝《こうてい》の光武帝《こうぶてい》からもらったもの。卑弥呼《ひみこ》もこんな金印《きんいん》をもらっていたのかもしれない
福岡市博物館所蔵
画像提供：福岡市博物館／DNPartcom

10章《しょう》
弥生時代《やよいじだい》の
お宝《たから》をゲット！

ホントにあいつら こんなところに 逃《に》げ込《こ》んでいる ゾナか〜？
いたらまた 褒美《ほうび》が もらえるゾナ
この声《こえ》は……！
ん……？
ゴク…
まさか これは……

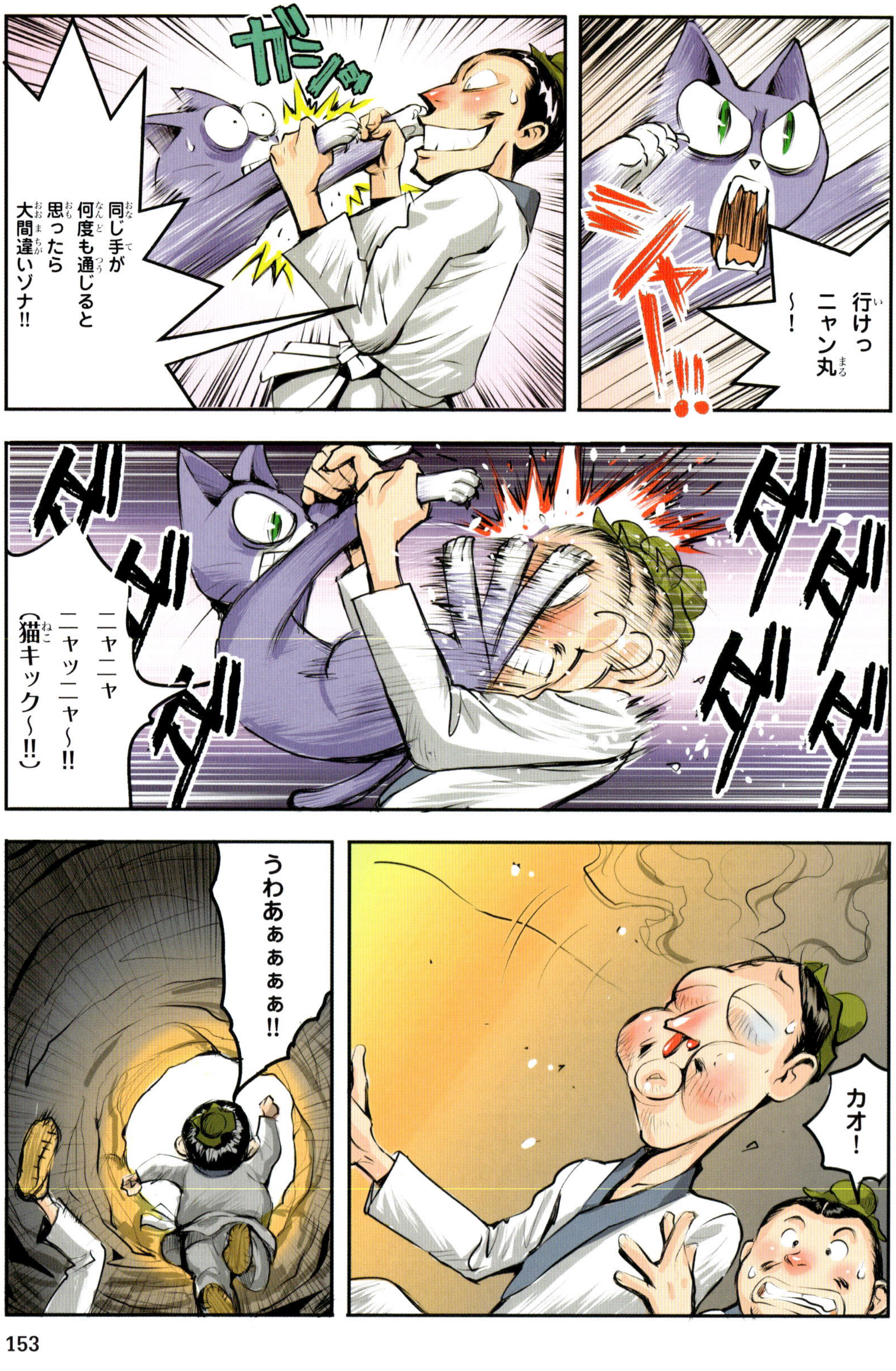
行《い》けっ ニャン丸《まる》〜!
同《おな》じ手《て》が何度《なんど》も通《つう》じると思《おも》ったら大間違《おおまちが》いゾナ!!
ニャニャ
ニャッニャー〜!!
(猫《ねこ》キック〜!!)
カオ!
うわぁぁぁぁぁ!!

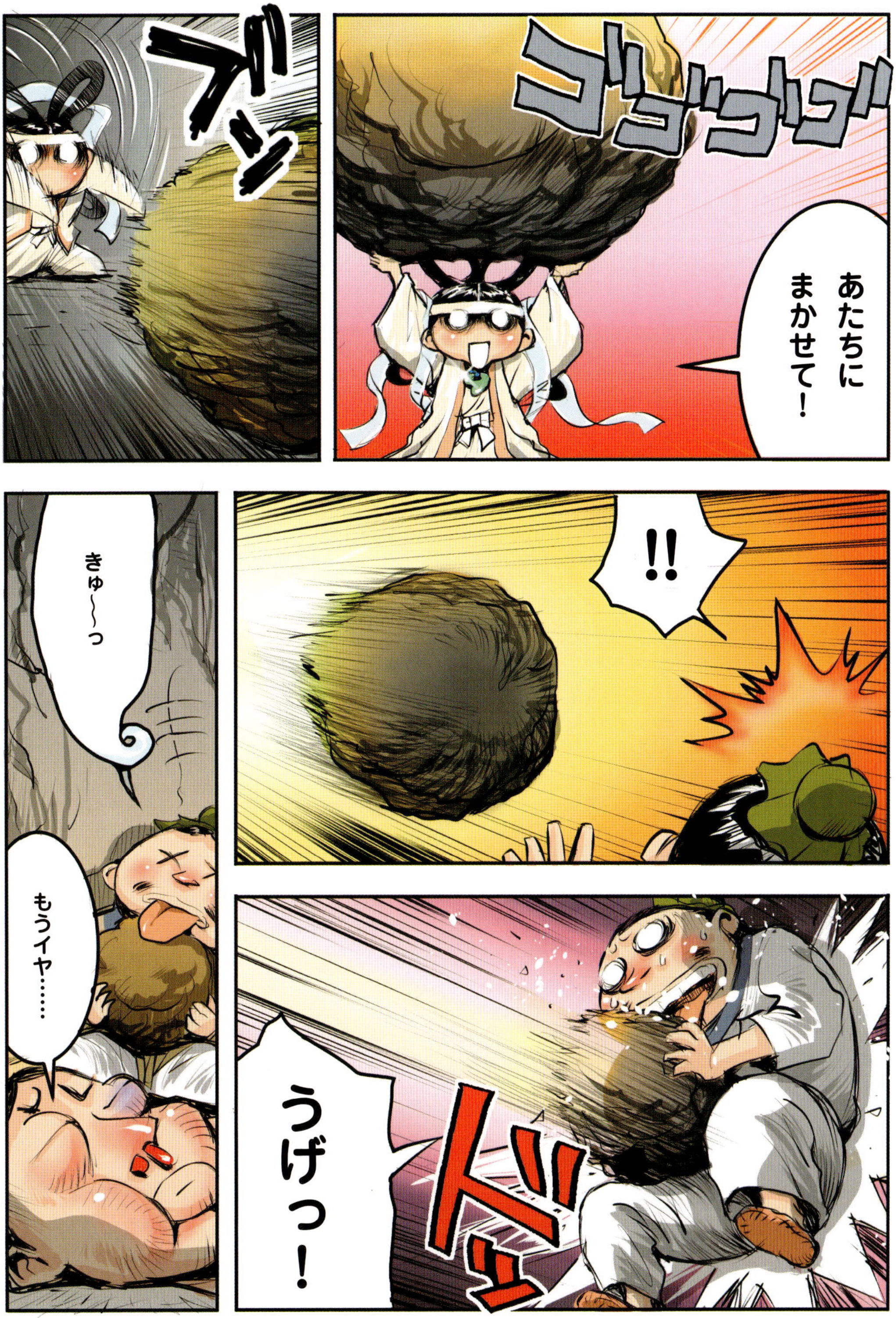
ゴゴゴゴゴゴ
あたちにまかせて！
ブンッ
!!
うげっ！
ドッ
きゅ～～っ
もうイヤ……

キョロ キョロ
よし
今《いま》だ！
ダッ
タ
敵《てき》は
いない
みたいね
ササ
ん？
イヌ
ワン
ワン
ワン
ピク…
ワン
ワン
ワン
ダッ

お姉《ねえ》ちゃん
イヌが来《く》る！
え!?
ワン
ワン
ワン
ワン
う……
うう…!!
はぁっ
はぁっ
こ……ここは
あたちが
何《なん》とかするから逃《に》げて
うわーーっ
ごめん！
わたし イヌだけは
ダメなの～！
チラ・・
フラ
ワン
ワン
コテ・・
ワン
ワン
ワン
ワン
病《や》み上《あ》がり
!?

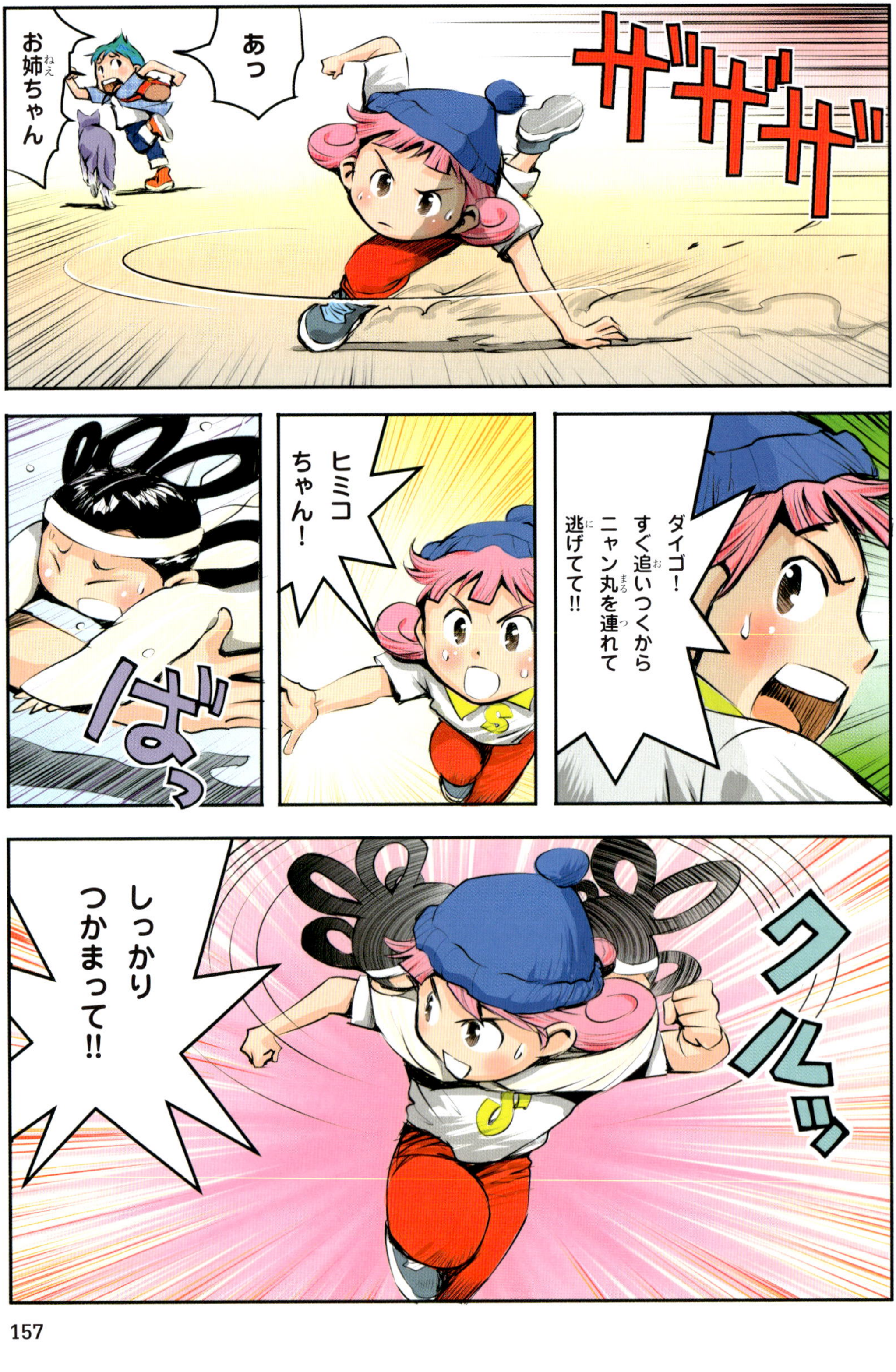
ザザザッ
あっ
お姉《ねえ》ちゃん
ダイゴ！すぐ追《お》いつくからニャン丸《まる》を連《つ》れて逃《に》げてて!!
ヒミコちゃん！
ばっ
しっかりつかまってて!!
クルッ

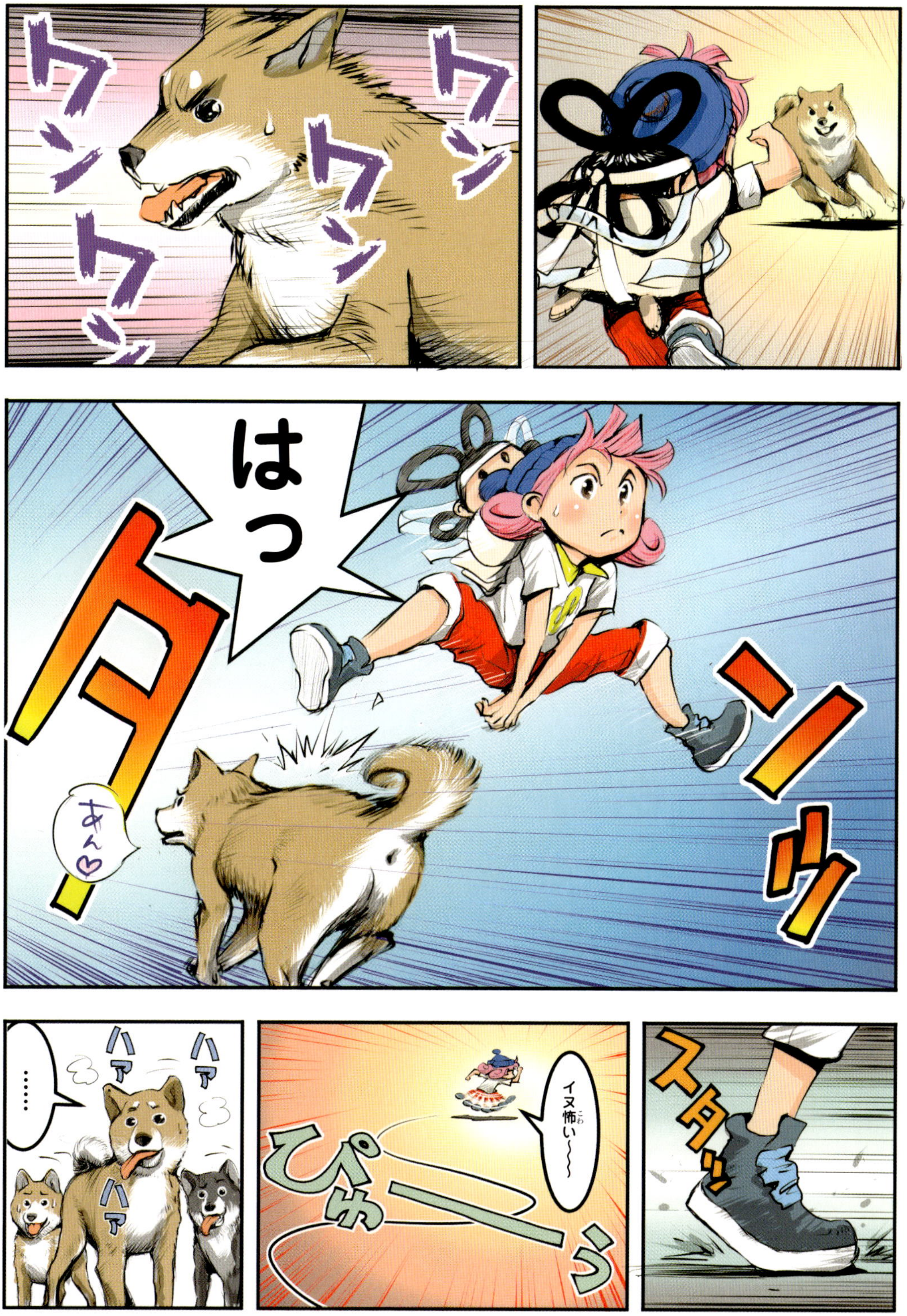
ワンワンワン
ワンワンワン
はっ
タンッ
あん♡
スタッ
イヌ怖《こわ》い～～
ぴゅ――う
ハァ
ハァ
ハァ
……

はぁ…
はぁ…
はぁ…
お姉《ねえ》ちゃん イヌ嫌《ぎら》いなのに よく頑張《がんば》ったね
パワーが 足《た》りなくて ごめんね
だ…大丈夫《だいじょうぶ》 知恵《ちえ》と 勇気《ゆうき》で 何《なん》とかするから
……とは 言《い》ったものの いったいどうすれば いいのやら
ブヒ ブヒ
え？
ブヒ ブヒ
ブヒ！ ブヒ！ ブヒ！ （じゃまだオラ！）
ブヒ！ （オラ！）

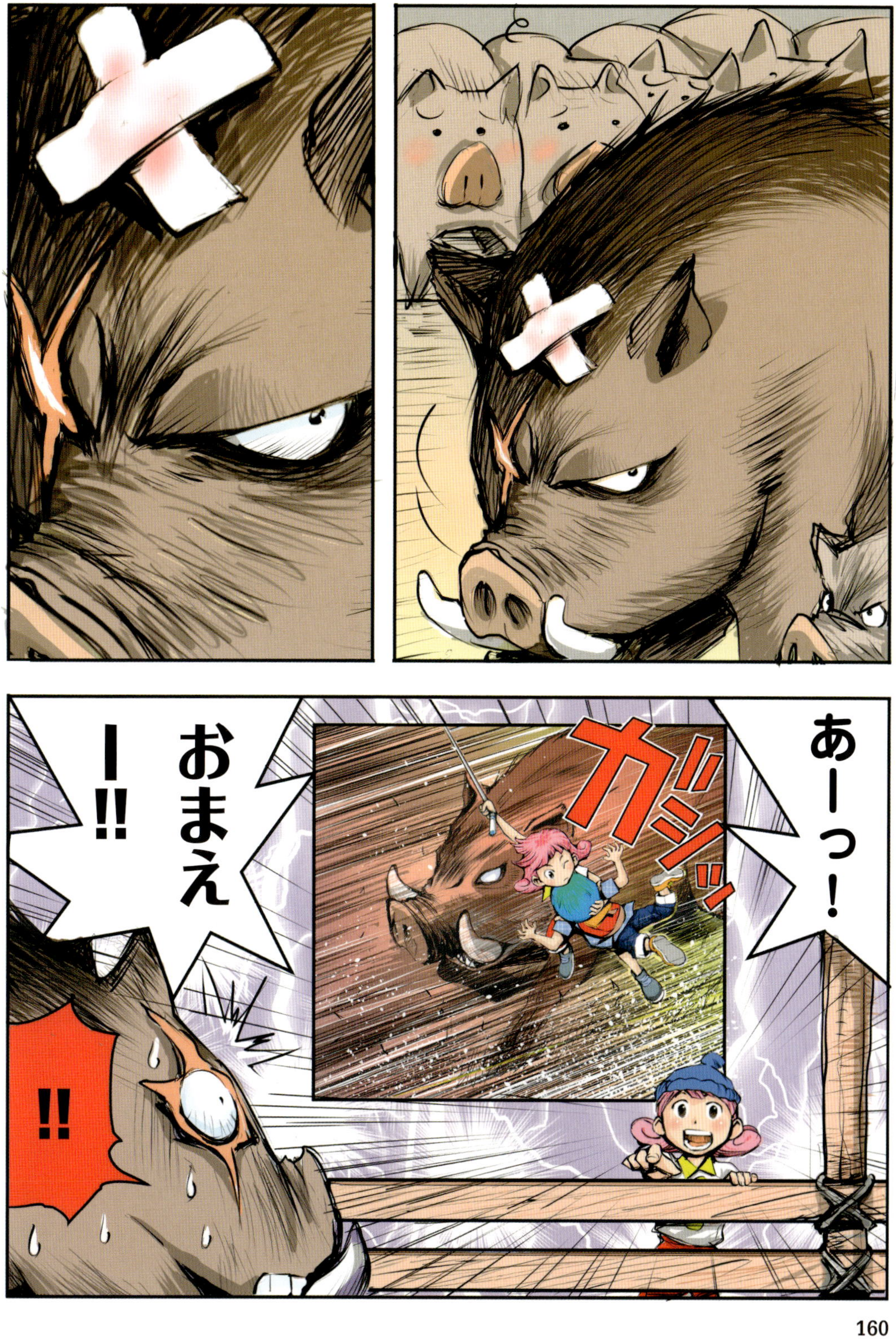
あーっ!
ガジッ
おまえーー!!
!!

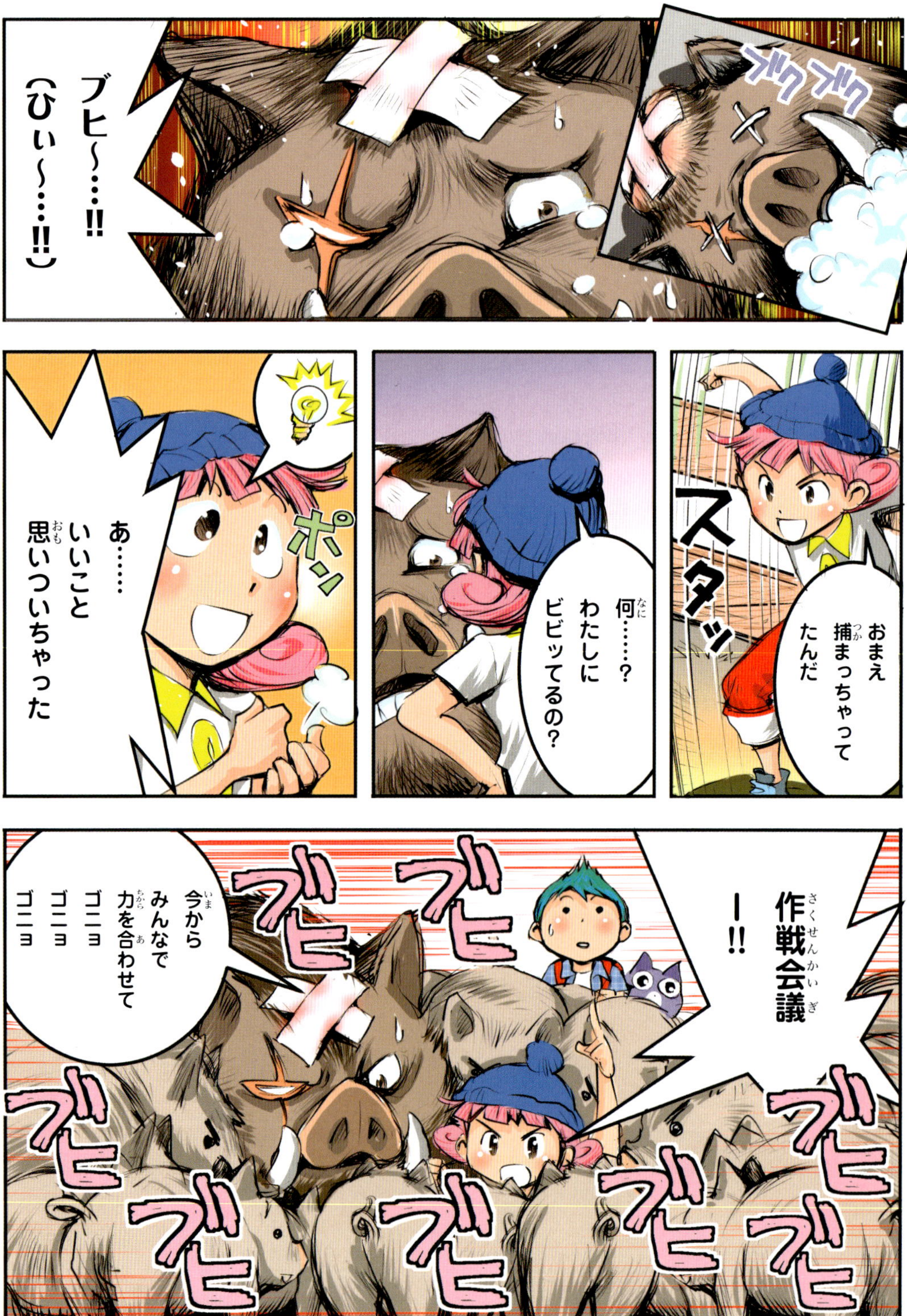
ズクズク
ブヒ～…!!
（ひぃ～…!!）
スタッ
おまえ捕《つか》まっちゃってたんだ
何《なに》……?
わたしにビビッてるの?
ポン
あ……
いいこと思《おも》いついちゃった
作戦会議《さくせんかいぎ》ー!!
今《いま》からみんなで力《ちから》を合《あ》わせて
ゴニョゴニョゴニョ
ブヒブヒブヒブヒブヒブヒブヒブヒ

ゾドンッ!!
行《い》くわよダイゴ!!
うわっ!!
ドドドドド
フギャー
ひ〜〜
何《なん》だっ!?
門《もん》をぶち破《やぶ》れー!!
ドガッ

ドドドドドド
ひゃっほ～♡
ブヒブヒブヒ～!!
(バリバリ全開《ぜんかい》～!!)
ドドドドド
森《もり》まで一気《いっき》に逃《に》げるわよ——!!
ドドドドド

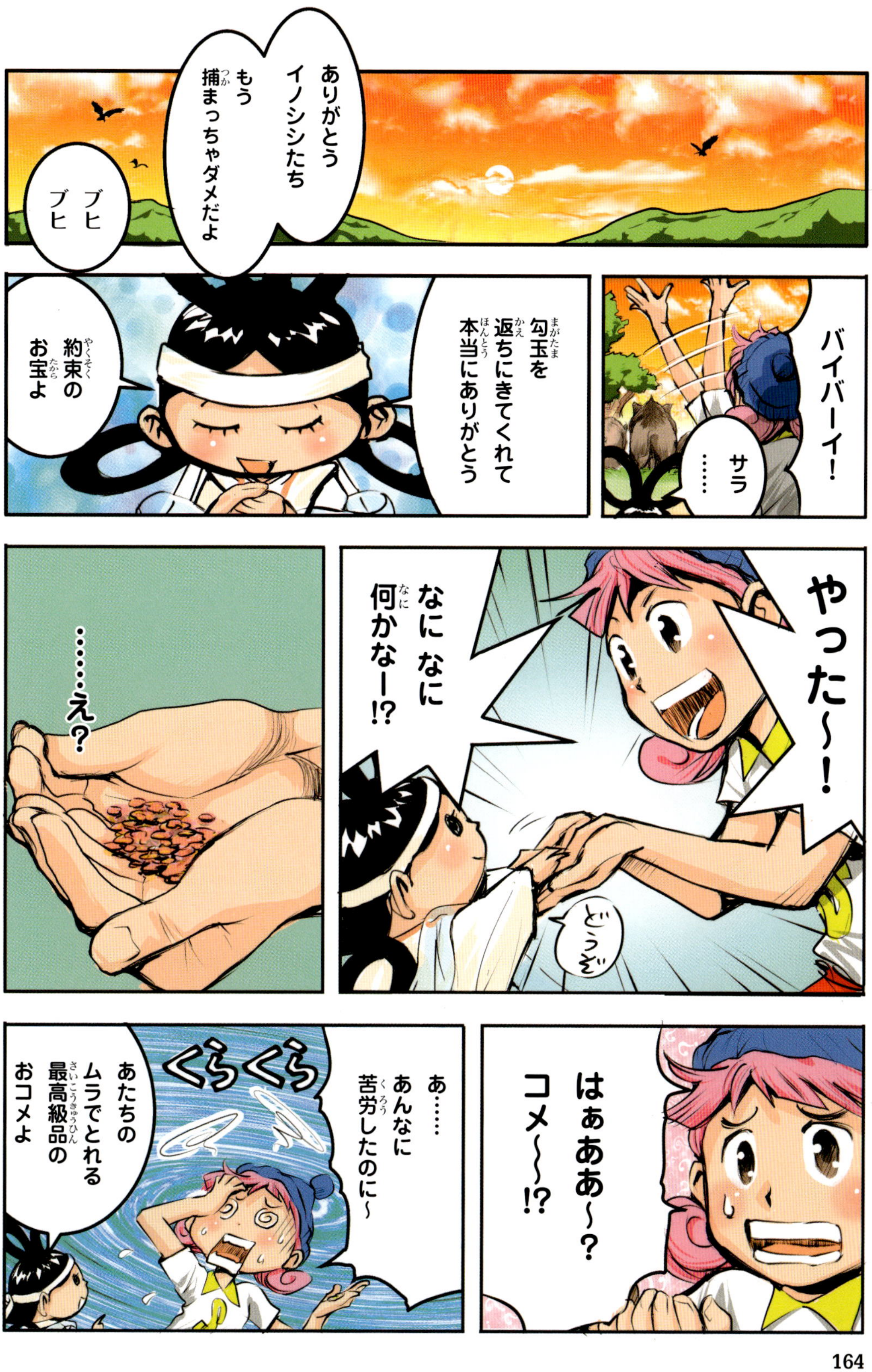

ありがとう
イノシシたち
もう
捕《つか》まっちゃダメだよ
ブヒ
ブヒ
バイバーイ!
サラ
……
勾玉《まがたま》を
返《かえ》ちにきてくれて
本当《ほんとう》にありがとう
約束《やくそく》の
お宝《たから》よ
やった～!
なになに
何《なに》かなー!?
どうぞ
……え?
はぁああ～?
コメ～～!?
あ……
あんなに
苦労《くろう》したのに～
くらくら
あたちの
ムラでとれる
最高級品《さいこうきゅうひん》の
おコメよ

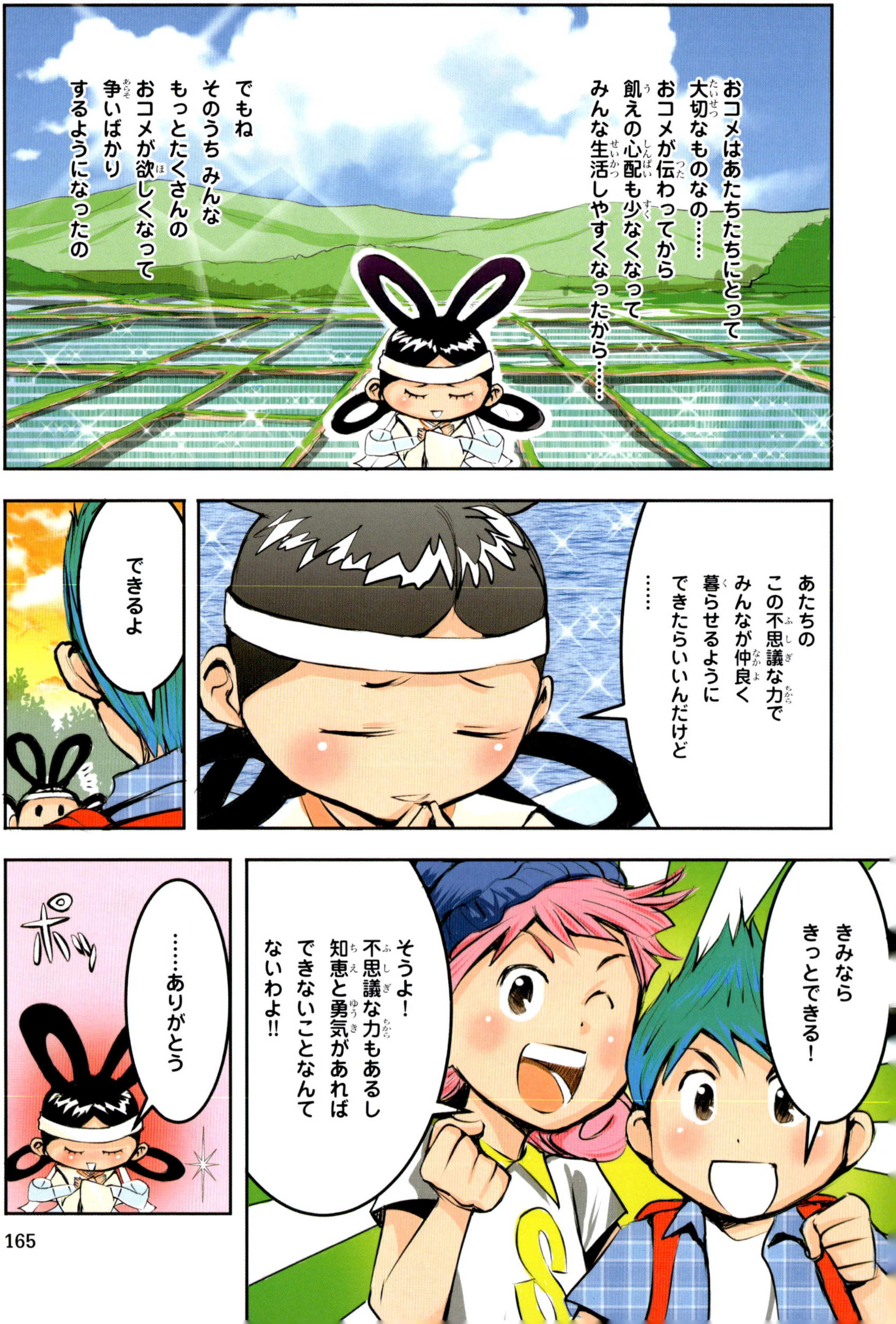

おコメはあたちたちにとって大切《たいせつ》なものなの……
おコメが伝《つた》わってから飢《う》えの心配《しんぱい》も少《すく》なくなってみんな生活《せいかつ》しやすくなったから……
でもね そのうち みんなもっとたくさんのおコメが欲《ほ》しくなって争《あらそ》いばかりするようになったの
あたちのこの不思議《ふしぎ》な力《ちから》でみんなが仲良《なかよ》く暮《く》らせるようにできたらいいんだけど……
できるよ
きみならきっとできる!
そうよ! 不思議《ふしぎ》な力《ちから》もあるし知恵《ちえ》と勇気《ゆうき》があればできないことなんてないわよ!!
ポッ
……ありがとう

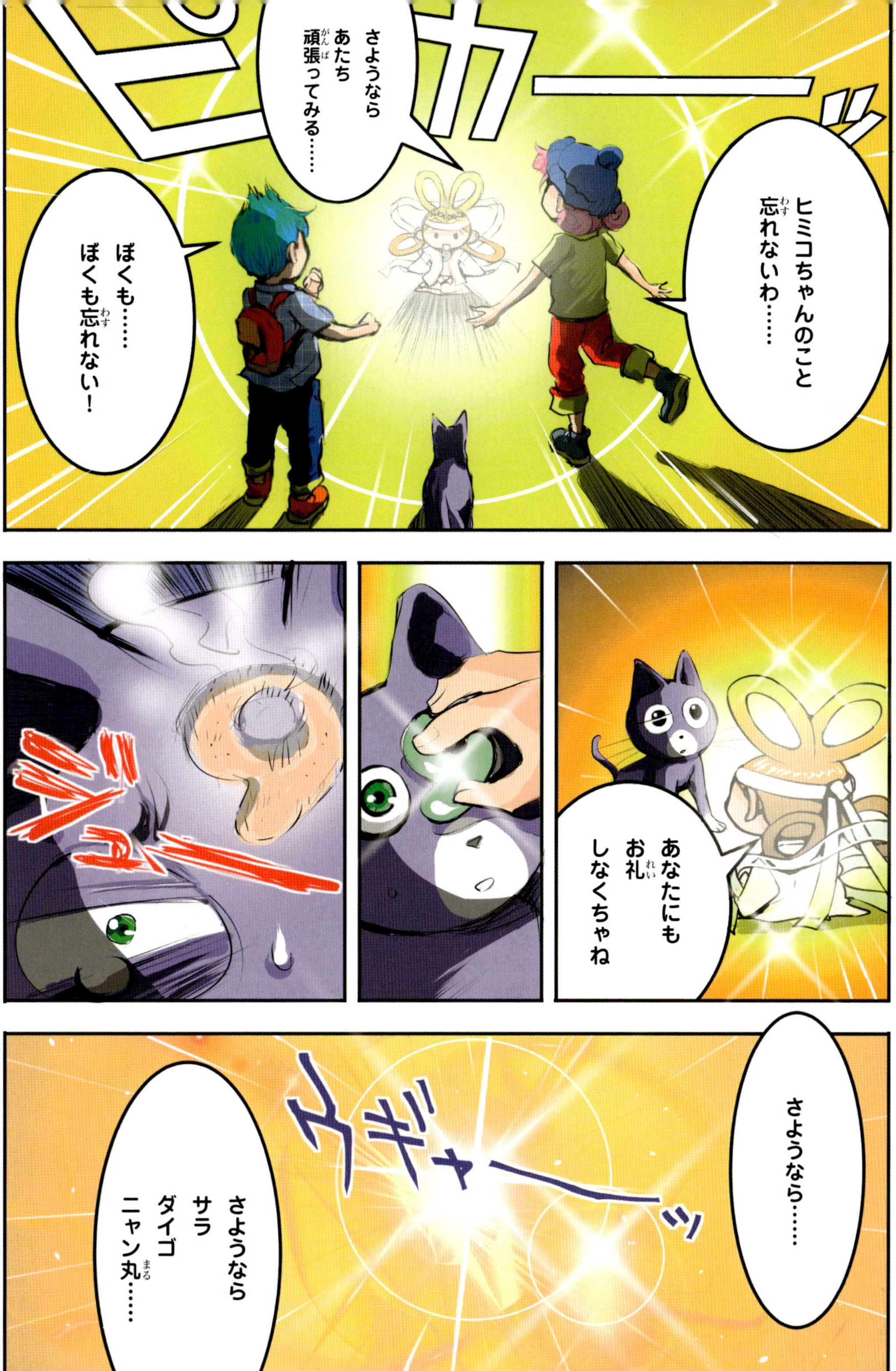
ピカーーッ
ヒミコちゃんのこと忘《わす》れないわ……
さようならあたち頑張《がんば》ってみる……
ぼくも……ぼくも忘《わす》れない！
あなたにもお礼《れい》しなくちゃね
ジュ
ウギャーーッ
さようなら……
さようならサラダイゴニャン丸《まる》……

はっ
今《いま》はいつ？
ここはどこ？
サラ〜ダイゴ〜ごはんだぞ〜〜
あ……
じいの声《こえ》だ……ということは戻《もど》ってきたんだ！
フニャア〜〜……にしても
シャカシャカ
とんでもない目《め》にあった二ャ〜
えっ？
ニャ…
ニャン丸《まる》がしゃべったー!?
？
「弥生時代《やよいじだい》へタイムワープ」終《お》わり。

卑弥呼《ひみこ》のいた邪馬台国《やまたいこく》はどこにある？

★近畿説《きんきせつ》
石川県説《いしかわけんせつ》
岩手県説《いわてけんせつ》
長野県説《ながのけんせつ》
★九州説《きゅうしゅうせつ》
岡山県説《おかやまけんせつ》
千葉県説《ちばけんせつ》
静岡県説《しずおかけんせつ》
徳島県説《とくしまけんせつ》
愛媛県説《えひめけんせつ》
邪馬台国《やまたいこく》の候補地《こうほち》

① 邪馬台国《やまたいこく》はどこにある!?

「魏志倭人伝《ぎしわじんでん》」によると、卑弥呼《ひみこ》は邪馬台国《やまたいこく》と呼《よ》ばれるクニに宮殿《きゅうでん》を構《かま》えていたといいます。邪馬台国《やまたいこく》は、7万戸《まんこ》の人々《ひとびと》が住《す》む、倭《わ》の中《なか》で最《もっと》も大《おお》きなクニだったそうです。邪馬台国《やまたいこく》が日本列島《にほんれっとう》のどこにあったのかについては、はっきり書《か》かれた史料《しりょう》がないため、明《あき》らかではありません。邪馬台国《やまたいこく》のことが書《か》かれている唯一《ゆいいつ》の歴史書《れきししょ》は「魏志倭人伝《ぎしわじんでん》」なのですが、場所についてはあいまいにしか書かれていないため、書《か》かれた内容《ないよう》の解釈方法《かいしゃくほうほう》によって、様々《さまざま》な候補地《こうほち》が挙《あ》げられています。なかには日本列島《にほんれっとう》ではなく、エジプトやジャワ島《とう》（インドネシア）にあったとする、びっくりするような説《せつ》も出《で》ています。

邪馬台国《やまたいこく》の場所《ばしょ》についてはいまも研究中《けんきゅうちゅう》なのだ

② 邪馬台国《やまたいこく》、有力《ゆうりょく》な2つの説《せつ》

邪馬台国《やまたいこく》の場所《ばしょ》については、古《ふる》くから研究者《けんきゅうしゃ》によって議論《ぎろん》が重《かさ》ねられています。現在有力《げんざいゆうりょく》だといわれているのが、近畿説《きんきせつ》と九州説《きゅうしゅうせつ》です。この2つの説《せつ》の候補地《こうほち》には、ほかの説《せつ》にないしっかりした理由《りゆう》が示《しめ》されています。中《なか》でも、卑弥呼《ひみこ》の墓《はか》といわれる箸墓古墳《はしはかこふん》がある纏《まき》向遺跡《むくいせき》（奈良県《ならけん》）は、有力《ゆうりょく》です。しかも2009年《ねん》に発見《はっけん》された建物群《たてものぐん》が、卑弥呼《ひみこ》と同《おな》じ時代《じだい》に建《た》てられたものだということもわかっています。そのため、近《きん》畿説《きせつ》が最有力視《さいゆうりょくし》されるようになりましたが、決定的《けっていてき》な証拠《しょうこ》がないので、まだ結論《けつろん》は出《で》ていません。

「魏志倭人伝《ぎしわじんでん》」ってどんな歴史書《れきししょ》？

「魏志倭人伝《ぎしわじんでん》」とは、中国《ちゅうごく》の古《ふる》い歴史書《れきししょ》の通称《つうしょう》で、正式《せいしき》には「『三国志《さんごくし》』魏書東夷伝倭人条《ぎしょとういでんわじんじょう》」といいます。

今《いま》から約《やく》1700年前《ねんまえ》に、中《ちゅう》国《ごく》の陳寿《ちんじゅ》という人物《じんぶつ》が『三国志《さんごくし》』という歴史書《れきししょ》を書《か》きました。そのうち、魏《ぎ》（中国《ちゅうごく》）という国《くに》について書《か》かれた部分《ぶぶん》を「魏書《ぎしょ》」といい、「魏書《ぎしょ》」の中《なか》で中国《ちゅうごく》から見《み》て東《ひがし》にある地域《ちいき》について書《か》かれた部分《ぶぶん》を「東夷伝《とういでん》」と呼《よ》びます。「魏志倭人伝《ぎしわじんでん》」とは、「東夷《とうい》伝《でん》」の中《なか》の倭人《わじん》について書《か》かれた部分《ぶぶん》という意味《いみ》です。

比《くら》べてみよう！　近畿説《きんきせつ》と九州説《きゅうしゅうせつ》

【九州説《きゅうしゅうせつ》】

■候補地《こうほち》

福岡県《ふくおかけん》、佐賀県《さがけん》を中心《ちゅうしん》とする北九州地方《きたきゅうしゅうちほう》。または宮崎県《みやざきけん》など。

■理由《りゆう》

中国《ちゅうごく》からの方向《ほうこう》が「魏志倭人伝《ぎしわじんでん》」の内容《ないよう》と同《おな》じ。

- 当時《とうじ》の先進国《せんしんこく》である中国《ちゅうごく》に近《ちか》い。
- 佐賀県《さがけん》の吉野ケ里遺跡《よしのがりいせき》など、弥生《やよい》時代《じだい》の大規模《だいきぼ》な集落《しゅうらく》の遺跡《いせき》が発見《はっけん》されている。
- 弥生時代《やよいじだい》の鉄《てつ》は、九州地方《きゅうしゅうちほう》からたくさん発見《はっけん》されている。

など。

九州説《きゅうしゅうせつ》のような気《き》がするな！

近畿説《きんきせつ》も説得力《せっとくりょく》があるよ

【近畿説《きんきせつ》】

■候補地《こうほち》

主《おも》に奈良県《ならけん》の大和地方《やまとちほう》。

■理由《りゆう》

中国《ちゅうごく》からの距離《きょり》が「魏志倭人伝《ぎしわじんでん》」の内容《ないよう》と同《おな》じ。

- 卑弥呼《ひみこ》が魏《ぎ》の皇帝《こうてい》からもらったと考《かんが》えられる銅鏡《どうきょう》が、近畿地方《きんきちほう》の古《こ》墳《ふん》からたくさん見《み》つかっている。
- 卑弥呼《ひみこ》の墓《はか》といわれる初期《しょき》の前方《ぜんぽう》後円墳《こうえんふん》が奈良県《ならけん》の大和地方《やまとちほう》に多《おお》い。
- 邪馬台国《やまたいこく》という呼《よ》び名《な》（音《おん》）が大和（ヤマト）に似《に》ている。

など。

行《い》ってみよう！弥生時代《やよいじだい》の遺跡《いせき》MAP《マップ》

弥生時代《やよいじだい》の主《おも》な遺跡《いせき》などを紹介《しょうかい》します。マンガに登場《とうじょう》した世界《せかい》を見《み》にいってみてね！

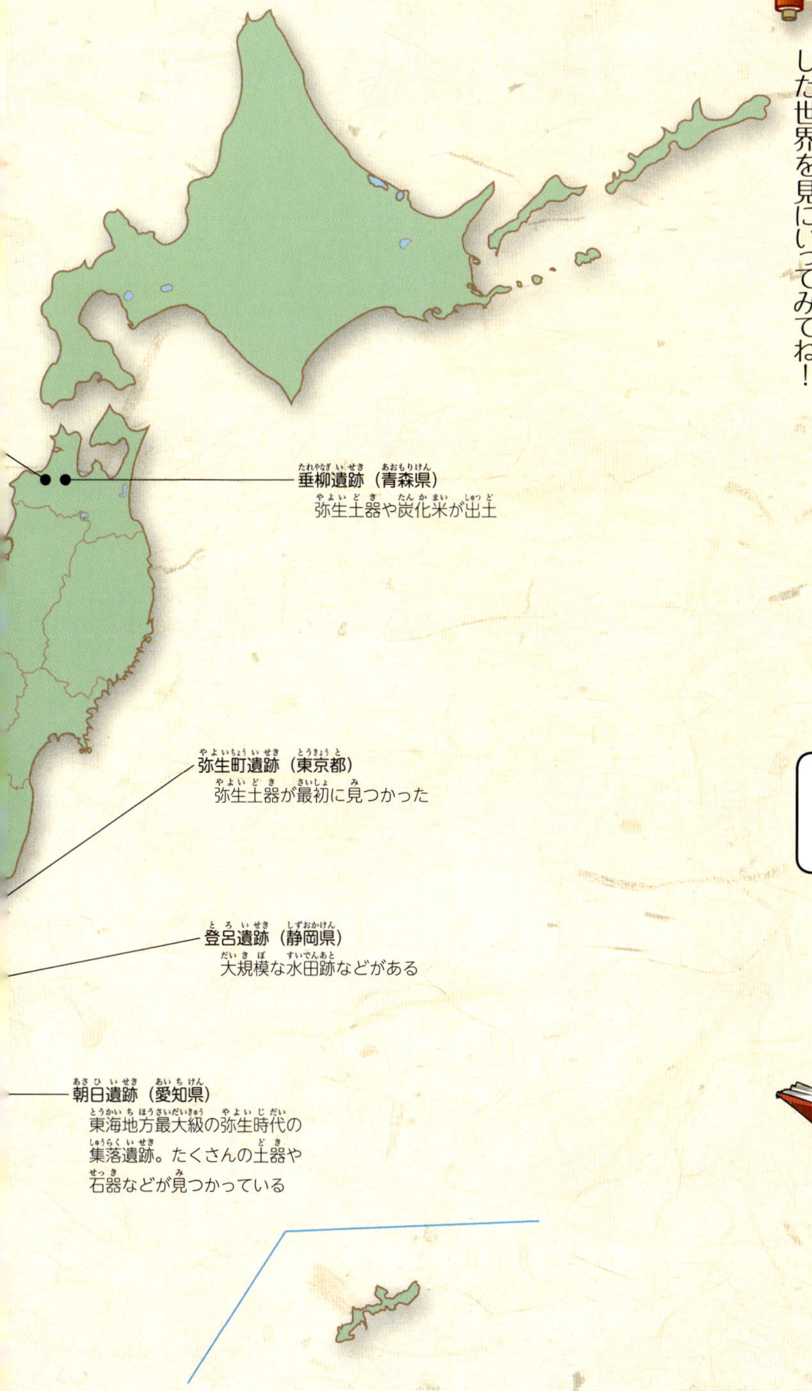
垂柳遺跡《たれやなぎいせき》（青森県《あおもりけん》）
弥生土器《やよいどき》や炭化米《たんかまい》が出土《しゅつど》
弥生町遺跡《やよいちょういせき》（東京都《とうきょうと》）
弥生土器《やよいどき》が最初《さいしょ》に見《み》つかった
登呂遺跡《とろいせき》（静岡県《しずおかけん》）
大規模《だいきぼ》な水田跡《すいでんあと》などがある
朝日遺跡《あさひいせき》（愛知県《あいちけん》）
東海地方最大級《とうかいちほうさいだいきゅう》の弥生時代《やよいじだい》の集落遺跡《しゅうらくいせき》。たくさんの土器《どき》や石器《せっき》などが見《み》つかっている

たくさんあるんだなー!!

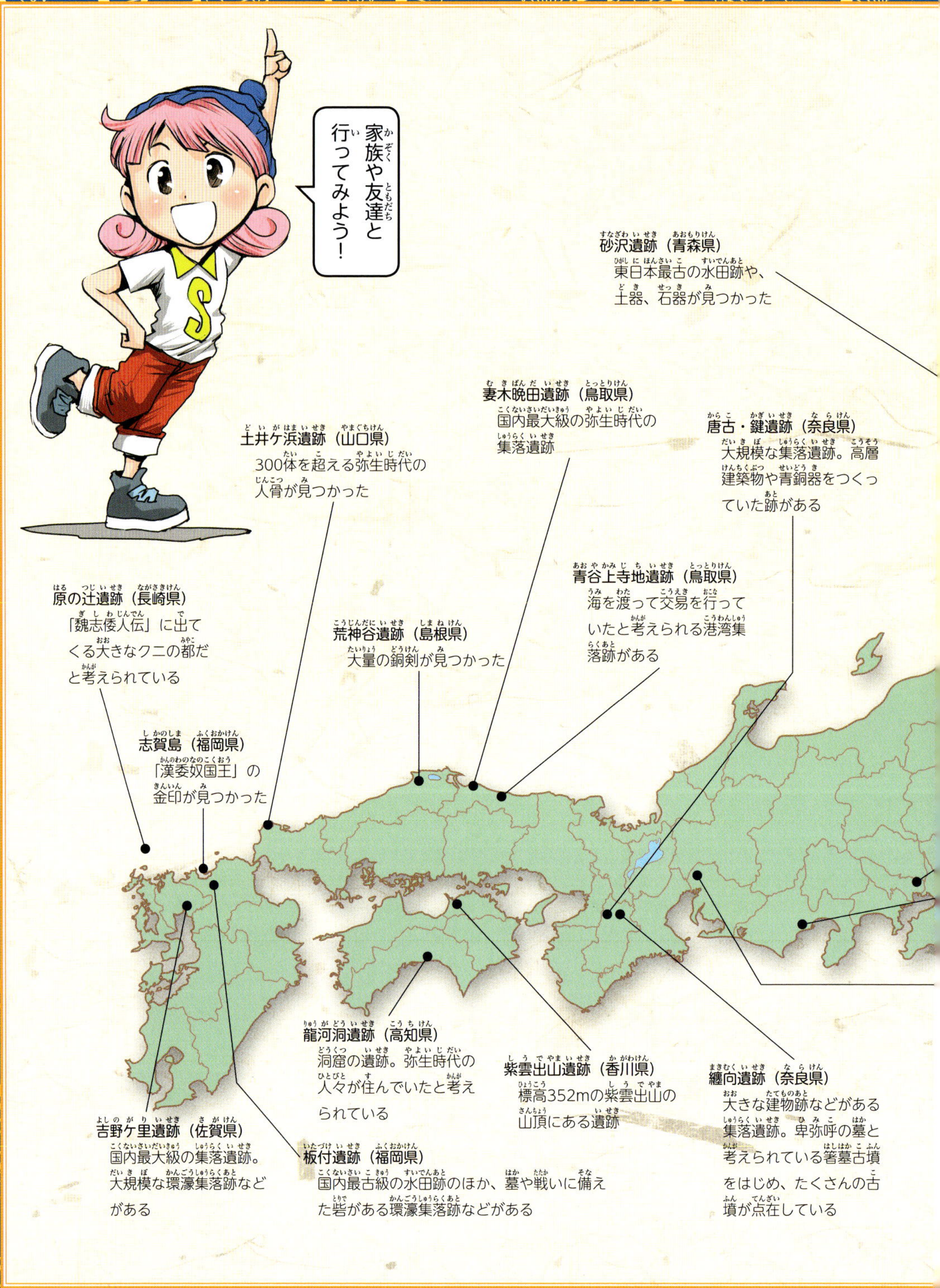

家族《かぞく》や友達《ともだち》と行《い》ってみよう！
砂沢遺跡《すなざわいせき》（青森県《あおもりけん》）
東日本最古《ひがしにほんさいこ》の水田跡《すいでんあと》や、土器《どき》、石器《せっき》が見《み》つかった
妻木晩田遺跡《むきばんだいせき》（鳥取県《とっとりけん》）
国内最大級《こくないさいだいきゅう》の弥生時代《やよいじだい》の集落遺跡《しゅうらくいせき》
唐古《からこ》・鍵遺跡《かぎいせき》（奈良県《ならけん》）
大規模《だいきぼ》な集落遺跡《しゅうらくいせき》。高層《こうそう》建築物《けんちくぶつ》や青銅器《せいどうき》をつくっていた跡《あと》がある
土井ケ浜遺跡《どいがはまいせき》（山口県《やまぐちけん》）
300体《たい》を超《こ》える弥生時代《やよいじだい》の人骨《じんこつ》が見《み》つかった
青谷上寺地遺跡《あおやかみじちいせき》（鳥取県《とっとりけん》）
海《うみ》を渡《わた》って交易《こうえき》を行《おこな》っていたと考《かんが》えられる港湾集落跡《こうわんしゅうらくあと》がある
原《はる》の辻遺跡《つじいせき》（長崎県《ながさきけん》）
「魏志倭人伝《ぎしわじんでん》」に出《で》てくる大《おお》きなクニの都《みやこ》だと考《かんが》えられている
荒神谷遺跡《こうじんだにいせき》（島根県《しまねけん》）
大量《たいりょう》の銅剣《どうけん》が見《み》つかった
志賀島《しかのしま》（福岡県《ふくおかけん》）
「漢委奴国王《かんのわのなのこくおう》」の金印《きんいん》が見《み》つかった
龍河洞遺跡《りゅうがどういせき》（高知県《こうちけん》）
洞窟《どうくつ》の遺跡《いせき》。弥生時代《やよいじだい》の人々《ひとびと》が住《す》んでいたと考《かんが》えられている
紫雲出山遺跡《しうでやまいせき》（香川県《かがわけん》）
標高《ひょうこう》352mの紫雲出山《しうでやま》の山頂《さんちょう》にある遺跡《いせき》
纒向遺跡《まきむくいせき》（奈良県《ならけん》）
大《おお》きな建物跡《たてものあと》などがある集落遺跡《しゅうらくいせき》。卑弥呼《ひみこ》の墓《はか》と考《かんが》えられている箸墓古墳《はしはかこふん》をはじめ、たくさんの古《こ》墳《ふん》が点在《てんざい》している
吉野ケ里遺跡《よしのがりいせき》（佐賀県《さがけん》）
国内最大級《こくないさいだいきゅう》の集落遺跡《しゅうらくいせき》。大規模《だいきぼ》な環濠集落跡《かんごうしゅうらくあと》などがある
板付遺跡《いたづけいせき》（福岡県《ふくおかけん》）
国内最古級《こくないさいこきゅう》の水田跡《すいでんあと》のほか、墓《はか》や戦《たたか》いに備《そな》えた砦《とりで》がある環濠集落跡《かんごうしゅうらくあと》などがある

教《おし》えて!! 河合先生《かわいせんせい》

ぼくといっしょに、
タイムワープの冒険《ぼうけん》を振《ふ》り返《かえ》ろう。
マンガの裏話《うらばなし》や、時代《じだい》にまつわる
おもしろ話《ばなし》も紹介《しょうかい》するよ!

歴史研究家《れきしけんきゅうか》：河合《かわい》 敦先生《あつしせんせい》

1 弥生時代《やよいじだい》 ヒトコマ 博物館《はくぶつかん》

「三角縁二神二獣鏡《さんかくぶちにしんにじゅうきょう》」（重要文化財《じゅうようぶんかざい》）
神《かみ》や神聖《しんせい》な獣《けもの》の文様《もんよう》を持《も》つ「三角縁神獣鏡《さんかくぶちしんじゅうきょう》」という銅鏡《どうきょう》の一種《いっしゅ》。縁《ふち》の断面《だんめん》が三角形《さんかくけい》なのでこう呼《よ》ばれる。主《おも》に祭《まつ》りや儀式《ぎしき》で使《つか》われたようだ。写真《しゃしん》は古《ふる》い時代《じだい》の物《もの》なので、さびて緑《みどり》っぽい色《いろ》をしているが、できたては黄金《おうごん》のように輝《かがや》いていたと考《かんが》えられている。

京都国立博物館蔵

弥生時代《やよいじだい》へタイムワープ

河合先生《かわいせんせい》：こんにちは、サラ、ダイゴ、ニャン丸《まる》。突然《とつぜん》弥生時代《やよいじだい》へタイムワープして、びっくりしたよね？

サラ：ぜーんぜん！　思《おも》わぬチャンスにワクワクしたわ!!

ダイゴ：イノシシに襲《おそ》われた時《とき》は、どうなるかと思《おも》ったけど、コメ作《づく》りや弥生時代《やよいじだい》のムラを見学《けんがく》できて面白《おもしろ》かったよ。

ニャン丸《まる》：草《くさ》むらからユウが現《あらわ》れた時《とき》は、びっくりしたニャン。

河合先生《かわいせんせい》：弥生時代《やよいじだい》の少年《しょうねん》・ユウ君《くん》だね。

サラ：ユウはちゃんとコメ作《づく》りをマスターできたかな？

河合先生《かわいせんせい》：うまくいくといいね。

卑弥呼《ひみこ》に贈《おく》られた鏡《かがみ》？

河合先生《かわいせんせい》：そういえば、サラはよく用水《ようすい》路《ろ》の勾玉《まがたま》に気《き》づいたね。

サラ：水《みず》の中《なか》で光《ひか》ってて、まるで「私《わたし》を見《み》つけて〜」って言《い》ってるみたいだったの！

ニャン丸《まる》：それも、ヒミコちゃんの不思《ふし》議《ぎ》な力《ちから》なのかもしれないニャ〜？

河合先生《かわいせんせい》：「魏志倭人伝《ぎしわじんでん》」によると、弥生時代《やよいじだい》には「卑弥呼《ひみこ》」という女王《じょおう》がいたらしいんだ（↓150〜151ページ、168〜169ページ）。

ダイゴ：邪馬台国《やまたいこく》にいたんだよね！

河合先生《かわいせんせい》：彼女《かのじょ》は、239年《ねん》に、当時《とうじ》の中国《ちゅうごく》にあった魏《ぎ》という国《くに》に、難升米《なしめ》という人物《じんぶつ》にたくさんの貢《みつ》ぎ物《もの》を持《も》たせて、使者《ししゃ》として送《おく》ったそうなんだ。

ニャン丸《まる》：弥生時代《やよいじだい》に中国《ちゅうごく》まで行《い》くのは、大変《たいへん》だっただろうニャ〜。

河合先生《かわいせんせい》：その時《とき》の魏《ぎ》の皇帝《こうてい》・明帝《めいてい》は、卑弥呼《ひみこ》に「親魏倭王《しんぎわおう》」の称号《しょうごう》と金印《きんいん》（↓151ページ）、絹《きぬ》や金《きん》、刀《かたな》などの品々《しなじな》を与《あた》えたんだ。その中《なか》に、100枚《まい》の銅鏡《どうきょう》があったと伝《つた》わっているんだよ。

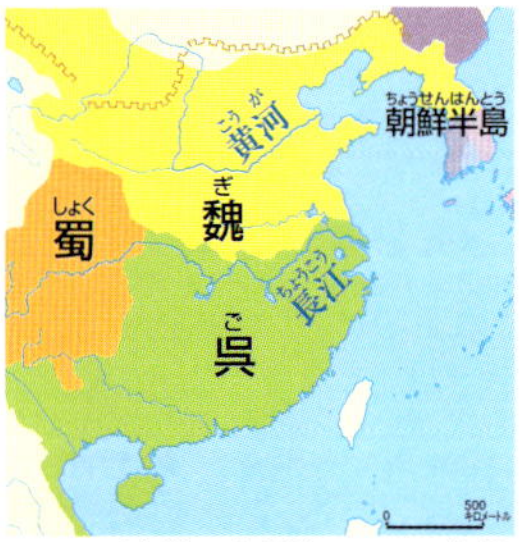

▲220年頃《ねんごろ》の中国《ちゅうごく》。この時代《じだい》の中国《ちゅうごく》は、魏《ぎ》・呉《ご》・蜀《しょく》の三国《さんごく》時代《じだい》を迎《むか》えていた

河合先生《かわいせんせい》：銅鏡《どうきょう》っていうのは、銅《どう》とすずを混《ま》ぜた青銅《せいどう》でつくられた鏡《かがみ》のことだよ。

ダイゴ：右《みぎ》の写真《しゃしん》がその銅鏡《どうきょう》だね。

河合先生《かわいせんせい》：写真《しゃしん》は「三角縁神獣鏡《さんかくぶちしんじゅうきょう》」というタイプの銅鏡《どうきょう》だよ。近畿《きんき》を中心《ちゅうしん》に、九州《きゅうしゅう》から東北《とうほく》までの各地《かくち》で見《み》つかっていて、これが卑弥呼《ひみこ》に贈《おく》られた銅鏡《どうきょう》だとする説《せつ》があるんだ。

サラ：めずらしい模様《もよう》ね。

河合先生《かわいせんせい》：ところが、この銅鏡《どうきょう》と同《おな》じタイプの鏡《かがみ》は、中国《ちゅうごく》では見《み》つかっていないため、国内《こくない》で作《つく》られたという見方《みかた》もあるんだ。

ダイゴ：弥生時代《やよいじだい》って謎《なぞ》が多《おお》いんだね。

2

弥生時代《やよいじだい》
ビックリ報告《ほうこく》

邪馬台国《やまたいこく》の女王《じょおう》・卑弥呼《ひみこ》は日本《にほん》の歴史書《れきししょ》に残《のこ》されていない!?

日本《にほん》の歴史書《れきししょ》に「卑弥呼《ひみこ》」の名前《なまえ》がない!?

卑弥呼《ひみこ》が活躍《かつやく》した弥生時代《やよいじだい》の日本《にほん》には、まだ文字史料《もじしりょう》がありません。そのため、当《とう》時《じ》の様子《ようす》を知《し》るには、だいぶ後《あと》になって書《か》かれた史料《しりょう》に頼《たよ》るしかありません。

日本《にほん》の歴史《れきし》について書《か》かれた最《もっと》も古《ふる》い史《し》料《りょう》は、卑弥呼《ひみこ》の時代《じだい》から400年以上後《ねんいじょうあと》の、712（和銅《わどう》5）年《ねん》に成立《せいりつ》した『古事記《こじき》』です。でもその中《なか》に、卑弥呼《ひみこ》の名《な》は見当《みあ》たりません。それどころか、日本《にほん》で作《つく》られた古《ふる》い歴史書《れきししょ》には、卑弥呼《ひみこ》という名前《なまえ》の人物《じんぶつ》

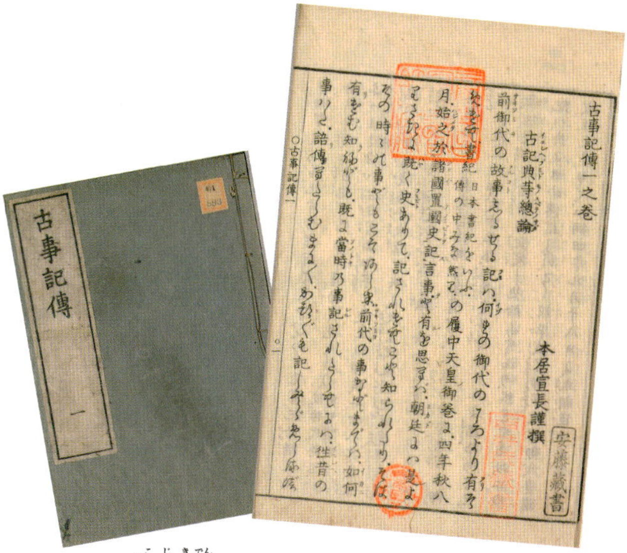

古事記傳 一
古事記傳一之巻
本居宣長謹撰

『古事記伝《こじきでん》』
江戸時代《えどじだい》に活躍《かつやく》した学者《がくしゃ》の本居宣長《もとおりのりなが》が、当時《とうじ》の人々《ひとびと》にも理《り》解《かい》できるよう翻訳《ほんやく》した『古事記《こじき》』の解説書《かいせつしょ》。全《ぜん》44巻《かん》

国立国会図書館HPから

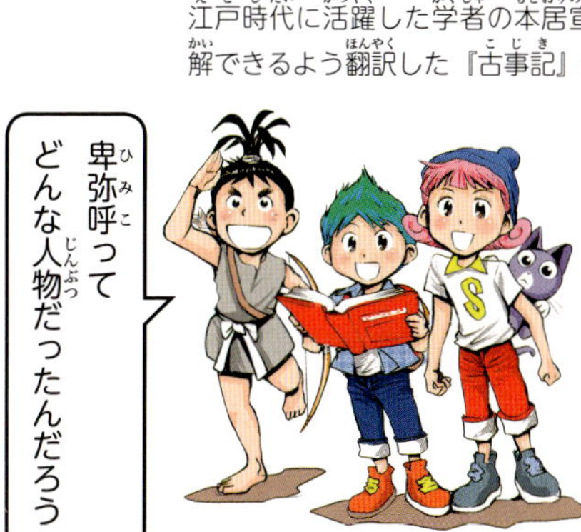

卑弥呼《ひみこ》って どんな人物《じんぶつ》だったんだろう

は出《で》てこないのです。卑弥呼《ひみこ》の名前《なまえ》が登場《とうじょう》するのは、「魏志倭人伝《ぎしわじんでん》」（→169ページ）など、中国《ちゅうごく》で作《つく》られた古《ふる》い歴史書《れきししょ》だけです。

江戸時代《えどじだい》の「卑弥呼《ひみこ》」探《さが》し

卑弥呼《ひみこ》の時代《じだい》より、約《やく》1400年《ねん》過《す》ぎた江戸時代《えどじだい》には、『古事記《こじき》』などに登場《とうじょう》する古代日本《こだいにほん》の人物《じんぶつ》の中《なか》から、卑弥呼《ひみこ》をモデルにしたと思《おも》われる人物探《じんぶつさが》しが行《おこな》われました。

たとえば、次《つぎ》のような人物《じんぶつ》や神様《かみさま》が、卑《ひ》弥呼《みこ》をモデルにしているのではないかと考《かんが》えられたようです。

JR神埼駅前《ジェイアールかんざきえきまえ》に立《た》つ卑弥呼像《ひみこぞう》

写真：朝日新聞社

・**神功皇后《じんぐうこうごう》**

仲哀天皇《ちゅうあいてんのう》の后《きさき》。『日本書紀《にほんしょき》』に、巫女《みこ》でもあったと書《か》かれていることから、卑弥呼《ひみこ》がモデルではないかと考《かんが》えられるようになりました。病死《びょうし》した仲哀天皇《ちゅうあいてんのう》に代《か》わり、朝《ちょう》鮮半島《せんはんとう》を平定《へいてい》したという伝説《でんせつ》があります。

・**天照大神《あまてらすおおみかみ》**

日本神話《にほんしんわ》の最高神《さいこうしん》で、太陽《たいよう》をつかさどる女神《めがみ》。「天岩戸伝説《あまのいわとでんせつ》」で有名《ゆうめい》です。卑弥呼《ひみこ》が死《し》んだとされる年《とし》に、皆既日食《かいきにっしょく》があったという説《せつ》があります。そのことから、太陽《たいよう》の女神《めがみ》・天照大神《あまてらすおおみかみ》は、卑弥呼《ひみこ》がモデルなのではないかと考《かんが》えられるようになりました。

・**倭迹迹日百襲姫命《やまとととひももそひめのみこと》**

古代日本《こだいにほん》の伝説的《でんせつてき》な巫女《みこ》。そのため、同《おな》じく巫女だった卑弥呼《ひみこ》をモデルにしているのではないかといわれています。現在卑弥《げんざいひみ》呼《こ》の墓《はか》と考《かんが》えられている箸墓古墳《はしはかこふん》（→150ページ）は、もともとは倭迹迹日百《やまとととひもも》襲姫命《そひめのみこと》の墓《はか》だと伝《つた》わっていました。

そもそも「卑弥呼《ひみこ》」は名前《なまえ》じゃなかった？

「卑弥呼《ひみこ》」という文字《もじ》は、当時《とうじ》の日本語読《にほんごよ》みの音《おん》を記録《きろく》した中国人《ちゅうごくじん》が、漢字《かんじ》に置《お》き換《か》えて表《あらわ》したものです。もしかしたら、実際《じっさい》は「ヒミコ」ではなく、「ヒミカ」や「ヒムカ」と呼《よ》ばれていたのではないかという説《せつ》もあります。

また、「卑弥呼《ひみこ》」とは人《ひと》の名前《なまえ》ではなく、当時《とうじ》の日本《にほん》にあった役職《やくしょく》の名前《なまえ》だったという説《せつ》もあります。

本居宣長《もとおりのりなが》（生没年《せいぼつねん》：1730～1801年《ねん》）

江戸時代《えどじだい》の半《なか》ば頃《ごろ》に活躍《かつやく》した学者《がくしゃ》。医者《いしゃ》でもある。『古事記《こじき》』の解読《かいどく》に力《ちから》をそそぎ、35年《ねん》もの歳月《さいげつ》をかけて『古事記伝《こじきでん》』を完成《かんせい》させた

国立国会図書館HPから

3

弥生時代《やよいじだい》

ニンゲンファイル

▲吉野ケ里遺跡周辺《よしのがりいせきしゅうへん》

佐賀県《さがけん》から福岡県《ふくおかけん》にかけての平野《へいや》には、弥生時代《やよいじだい》の集落《しゅうらく》の遺跡《いせき》が点在《てんざい》する。卑弥呼《ひみこ》が治《おさ》めた邪馬台国《やまたいこく》は、このあたりにあったのではないかという説《せつ》もある

写真：朝日新聞社

卑弥呼《ひみこ》の死後《しご》、女王《じょおう》となった 壹与《いよ》

倭国《わこく》に誕生《たんじょう》した新《あら》たな女王《じょおう》

「魏志倭人伝《ぎしわじんでん》」によると、卑弥呼《ひみこ》の死後《しご》、再《ふた》び倭国《わこく》の平和《へいわ》が乱《みだ》れ、困《こま》り果《は》てた人々《ひとびと》は、卑弥呼《ひみこ》の一族《いちぞく》である壹与《いよ》に白羽《しらは》の矢《や》を立《た》てました。そして、まだ13歳《さい》だった壹与《いよ》を、新《あたら》しい倭国《わこく》の女王《じょおう》にしました。壹与《いよ》が女王《じょおう》

壹与《いよ》（3世紀半《せいきなか》ば頃《ごろ》）

卑弥呼《ひみこ》の後継者《こうけいしゃ》。卑弥呼《ひみこ》の一族出身《いちぞくしゅっしん》で、卑弥呼《ひみこ》の死後《しご》、女王《じょおう》となって倭国《わこく》を治《おさ》めたとされる。中国《ちゅうごく》の歴史書《れきししょ》「魏志倭人伝《ぎしわじんでん》」にその名《な》を残《のこ》している。

倭国《わこく》の女王《じょおう》

卑弥呼《ひみこ》

争《あらそ》いを治《おさ》め、倭国《わこく》を平和《へいわ》へ導《みちび》いた女王《じょおう》

「魏志倭人伝《ぎしわじんでん》」によると、弥生時代《やよいじだい》のはじまりから百数十年《ひゃくすうじゅうねん》の間《あいだ》、日本列島《にほんれっとう》では多《おお》くのクニ同士《どうし》が争《あらそ》っていたそうです。やがて争《あらそ》いに疲《つか》れた人々《ひとびと》は、卑弥呼《ひみこ》を女王《じょおう》に立《た》て、平和《へいわ》を得《え》たとあります。

また、卑弥呼《ひみこ》は、人前《ひとまえ》にはほとんど姿《すがた》を見《み》せなかったそうです。1人《ひとり》の男《おとこ》が、卑弥呼《ひみこ》の予言《よげん》を民衆《みんしゅう》に伝《つた》え、彼女《かのじょ》の考《かんが》えに基《もと》づいた政治《せいじ》を行《おこな》っていたと書《か》かれています。卑弥呼《ひみこ》には、弟《おとうと》がいました。この弟《おとうと》が卑弥呼《ひみこ》を助《たす》けて政治《せいじ》を行《おこな》ったとも考《かんが》えられますが、正確《せいかく》なことはわかっていません。

卑弥呼《ひみこ》の死後《しご》、いったん男《おとこ》の王《おう》が立《た》てられましたが、人々《ひとびと》はその王《おう》に従《したが》わず、倭国《わこく》の平和《へいわ》は再《ふたた》び乱《みだ》れたと伝《つた》わっています。

卑弥呼《ひみこ》（？～248年《ねん》？）

弥生時代《やよいじだい》の倭国《わこく》の女王《じょおう》。倭国《わこく》の混乱《こんらん》を治《おさ》めるため、30あまりのクニの王《おう》たちによって立《た》てられた女王《じょおう》。中国《ちゅうごく》の魏《ぎ》に使《つか》いを送《おく》り、「親魏倭王《しんぎわおう》」の称号《しょうごう》と金印《きんいん》などが与《あた》えられた。

になると、争《あらそ》いは治《おさ》まり、倭国《わこく》は再《ふたた》び平和《へいわ》を取《と》り戻《もど》したそうです。

「魏志倭人伝《ぎしわじんでん》」に残《のこ》る壹与《いよ》の記録《きろく》

「魏志倭人伝《ぎしわじんでん》」には、壹与《いよ》と思《おも》われる女王《じょおう》が、卑弥呼《ひみこ》と同《おな》じく、魏《ぎ》に使者《ししゃ》を送《おく》った記録《きろく》が残《のこ》されています。

また、魏《ぎ》の後《あと》に成立《せいりつ》した中国《ちゅうごく》の晋《しん》に、「臺与《とよ》」という倭国《わこく》の女王《じょおう》が使《つか》いを送《おく》ったという記録《きろく》もあります。そのため、彼女《かのじょ》の名前《なまえ》は、「壹与《いよ》」ではなく「臺与《とよ》」だという説《せつ》もあります。

いずれにしても、卑弥呼《ひみこ》と同《おな》じく、壹与《いよ》についてもあまり記録《きろく》が残《のこ》されていないため、多《おお》くの謎《なぞ》が残《のこ》されています。

4

弥生時代《やよいじだい》

ウンチクこぼれ話《ばなし》

【邪馬台国《やまたいこく》はハワイだった!?】

邪馬台国《やまたいこく》がどこにあったのか、その場所《ばしょ》については、まだはっきりわかっていません。それは、邪馬台国《やまたいこく》のことが書《か》かれた唯《ゆい》一《いつ》の歴史書《れきししょ》「魏志倭人伝《ぎしわじんでん》」の内容《ないよう》に、あいまいなところが多《おお》いからです。

「魏志倭人伝《ぎしわじんでん》」に記《しる》された、魏《ぎ》から邪馬台《やまたい》国《こく》へのルートをたどってみると、なんと日《に》本列島《ほんれっとう》を越《こ》え、はるか南《みなみ》の海上《かいじょう》まで行《い》ってしまうのです。そんなことから、SF《エスエフ》作家《さっか》の星新一《ほししんいち》さんは、「邪馬台国《やまたいこく》ハワイ説《せつ》」という、冗談《じょうだん》のような説《せつ》を唱《とな》えました。

【名前《なまえ》がわかる最《もっと》も昔《むかし》の日本人《にほんじん》とは?】

中国《ちゅうごく》の古《ふる》い歴史書《れきししょ》のひとつ『後漢書《ごかんじょ》』には、107年《ねん》に、当時《とうじ》の日本《にほん》から、当時《とうじ》の中国《ちゅうごく》を支配《しはい》していた後漢《ごかん》という国《くに》に貢《みつ》ぎ物《もの》を届《とど》けた人物《じんぶつ》の名前《なまえ》が残《のこ》されています。その人物《じんぶつ》は、「倭国王帥升《わこくおうすいしょう》」という名前《なまえ》です。これが、現在《げんざい》わかっている、最《もっと》も古《ふる》い日本《にほん》人《じん》の名前《なまえ》だとされています。

ちなみに、「帥升《すいしょう》」というのは、「王《おう》」や「長官《ちょうかん》」といった、役職《やくしょく》の名前《なまえ》だとする説《せつ》もあります。

今《いま》から約《やく》2千年前《せんねんまえ》の日本人《にほんじん》の名前《なまえ》だ!

古《ふる》い歴史《れきし》を持《も》つ中国《ちゅうごく》はいろいろな文化《ぶんか》が発達《はったつ》していたんだって

【コメ作《づく》りのふるさとは中国《ちゅうごく》にあった!】

渡来人《とらいじん》が、日本列島《にほんれっとう》に水田稲作《すいでんいなさく》や稲作道《いなさくどう》具《ぐ》を伝《つた》えるはるか昔《むかし》から、中国《ちゅうごく》ではコメ作《づく》りが始《はじ》まっていました。

中国最長《ちゅうごくさいちょう》の大河《たいが》・長江下流《ちょうこうかりゅう》にある河姆渡《かぼと》遺跡《いせき》からは、水田《すいでん》の跡《あと》は見《み》つかっていませんが、約《やく》7千年前《せんねんまえ》のモミが、コメ作《づく》りの道《どう》具《ぐ》とともに大量《たいりょう》に発見《はっけん》されました。また、同《おな》じく長江下流《ちょうこうかりゅう》の別《べつ》の場所《ばしょ》からは、約《やく》6千《せん》年前《ねんまえ》の水田《すいでん》の遺跡《いせき》が発見《はっけん》されています。これらのことから、長江流域《ちょうこうりゅういき》が、コメ作《づく》りのふるさとではないかと考《かんが》えられています。

【卑弥呼《ひみこ》に敵対《てきたい》した男《おとこ》の王《おう》・卑弥弓呼《ひみここ》】

「魏志倭人伝《ぎしわじんでん》」によると、女王卑弥呼《じょおうひみこ》の治《おさ》める邪馬台国《やまたいこく》は、男《おとこ》の王《おう》が治《おさ》める狗奴国《くなこく》と敵対関係《てきたいかんけい》にあったそうです。その男《おとこ》の王《おう》は、卑弥弓呼《ひみここ》という、卑弥呼《ひみこ》に似《に》たなんともややこしい名前《なまえ》だったそうです。

邪馬台国《やまたいこく》と狗奴国《くなこく》は、卑弥呼《ひみこ》が魏《ぎ》に倭王《わおう》と認《みと》められてほどなく、戦争状態《せんそうじょうたい》になりました。この時《とき》、卑弥呼《ひみこ》は魏《ぎ》に援軍《えんぐん》を頼《たの》み、魏《ぎ》はその求《もと》めに応《おう》じて、倭国《わこく》に援軍《えんぐん》を送《おく》りました。でも援軍《えんぐん》が到着《とうちゃく》したのは、卑弥呼《ひみこ》が依頼《いらい》してから4年後《ねんご》のことで、その時《とき》、卑弥呼《ひみこ》は、すでに亡《な》くなっていたと伝《つた》えられています。

狗奴国《くなこく》がどこに
あったのかに
ついては
邪馬台国《やまたいこく》と
同《おな》じく
現在《げんざい》もわかって
おらんのだ

弥生時代《やよいじだい》は
争《あらそ》いの多《おお》い
時代《じだい》でも
あったん
じゃよ

【北海道《ほっかいどう》と沖縄《おきなわ》には弥生時代《やよいじだい》がなかった!?】

コメ作《づく》りが伝《つた》わった、日本列島《にほんれっとう》の本州《ほんしゅう》や四国《しこく》、九州《きゅうしゅう》などでは、狩《か》りや漁《りょう》を生活《せいかつ》の中心《ちゅうしん》とした縄文時代《じょうもんじだい》から、コメ作《づく》りを生活《せいかつ》の中心《ちゅうしん》とした弥生時代《やよいじだい》へと時代《じだい》が移《うつ》りました。けれども、北海道《ほっかいどう》と、沖縄《おきなわ》などの南西諸島《なんせいしょとう》にはコメ作《づく》りが伝《つた》わらなかったため、引《ひ》き続《つづ》き縄文時代《じょうもんじだい》と同《おな》じような生活《せいかつ》を送《おく》りました。この時代《じだい》を、北海道《ほっかいどう》では続縄文時代《ぞくじょうもんじだい》、沖縄《おきなわ》では貝塚時代《かいづかじだい》と呼《よ》んでいます。

中国《ちゅうごく》の歴史書《れきししょ》には
邪馬台国《やまたいこく》の話《はなし》が
いっぱい
書《か》かれてるんだね

【中国《ちゅうごく》の歴史書《れきししょ》から消《き》えた倭《わ》と邪馬台国《やまたいこく》】

中国《ちゅうごく》の古《ふる》い歴史書《れきししょ》には、倭《わ》と邪馬台国《やまたいこく》に関《かん》することがたくさん記録《きろく》されています。しかし、266年《ねん》に卑弥呼《ひみこ》の後継者《こうけいしゃ》の壹与《いよ》と思《おも》われる女王《じょおう》が、晋《しん》に使《つか》いを送《おく》ったという記録《きろく》（↓177ページ）を最後《さいご》に、倭《わ》と邪馬台国《やまたいこく》に関《かん》する記録《きろく》は、中国《ちゅうごく》の歴史書《れきししょ》から姿《すがた》を消《け》してしまいました。

弥生時代《やよいじだい》の話《はなし》は
これでおしまい!
別《べつ》の時代《じだい》で、
また会《あ》おうね!

旧石器時代《きゅうせっきじだい》～弥生時代《やよいじだい》年表《ねんぴょう》

時代	年代	できごと
旧石器時代《きゅうせっきじだい》	4万《まん》～3万年前《まんねんまえ》	氷河期《ひょうがき》でユーラシア大陸《たいりく》と陸続《りくつづ》きになった日本列島《にほんれっとう》に人々《ひとびと》が渡《わた》ってきて、日本人《にほんじん》の祖先《そせん》となる 打製石器《だせいせっき》や、動物《どうぶつ》の骨《ほね》を削《けず》って作《つく》った道具《どうぐ》を使《つか》う
縄文時代《じょうもんじだい》	1万数千年前《まんすうせんねんまえ》	氷河期《ひょうがき》が終《お》わり、海面《かいめん》が上《あ》がって日本列島《にほんれっとう》が完全《かんぜん》にユーラシア大陸《たいりく》から切《き》り離《はな》される マンモスなど大型動物《おおがたどうぶつ》が絶滅《ぜつめつ》する
	約《やく》9千年前《せんねんまえ》	イヌを使《つか》った狩猟《しゅりょう》が始《はじ》まる
	約《やく》5500年前《ねんまえ》	巨大《きょだい》な集落《しゅうらく》がつくられる 縄文土器《じょうもんどき》や土偶《どぐう》が発達《はったつ》する
	約《やく》3500年前《ねんまえ》	原始的《げんしてき》なコメ作《づく》りが行《おこな》われる
	約《やく》3千年前《ぜんねんまえ》	アジア大陸《たいりく》から水田稲作《すいでんいなさく》の技術《ぎじゅつ》が伝《つた》わる

弥生時代《やよいじだい》	
約《やく》2千数百年前《せんすうひゃくねんまえ》	ムラをつくって定住《ていじゅう》し、本格的《ほんかくてき》なコメ作《づく》りを始《はじ》める 青森《あおもり》の北《きた》の端《はし》までコメ作《づく》りが広《ひろ》がる ムラを治《おさ》めるリーダーが現《あらわ》れる
約《やく》2千年前《せんねんまえ》	日本《にほん》は100あまりのクニに分《わ》かれていた
57年《ねん》	倭《わ》（日本《にほん》）の奴国《なこく》の王《おう》が後漢《ごかん》（中国《ちゅうごく》）に使《つか》いを送《おく》り、皇帝《こうてい》の光武帝《こうぶてい》から「漢委奴国《かんのわのなのこく》王《おう》」の金印《きんいん》を授《さず》かる
107年《ねん》	倭《わ》の王《おう》が後漢《ごかん》に使《つか》いを送《おく》り、皇帝《こうてい》・安帝《あんてい》にどれい160人《にん》を献上《けんじょう》する
147〜188年《ねん》	30あまりのクニの王《おう》が話《はな》し合《あ》って、邪馬台国《やまたいこく》の卑弥呼《ひみこ》を倭《わ》の王《おう》に立《た》てる
239年《ねん》	卑弥呼《ひみこ》が魏《ぎ》（中国《ちゅうごく》）に使《つか》いを送《おく》り、皇帝《こうてい》・明帝《めいてい》から金印《きんいん》を授《さず》かる
248年《ねん》	卑弥呼《ひみこ》が亡《な》くなる？ 卑弥呼《ひみこ》の一族《いちぞく》の娘《むすめ》・壹与《いよ》が13歳《さい》で王《おう》になる

監修　河合敦
編集デスク　大宮耕一、橋田真琴
編集スタッフ　泉ひろえ、河西久実、庄野勢津子、十枝慶二、中原崇
シナリオ　泉ひろえ
コラムイラスト　相馬哲也、中藤美里、横山みゆき、イセケヌ
コラム図版　平凡社地図出版

参考文献　『早わかり日本史』河合敦著 日本実業出版社／『詳説 日本史研究　改訂版』佐藤信・五味文彦・高埜利彦・鳥海靖編 山川出版社／『新版 これならわかる！　ナビゲーター 日本史Ｂ　① 原始・古代～南北朝』會田康範編・著 山川出版社／『Newton Mook 縄文から弥生へ』竹内均編 ニュートンプレス／『弥生文化博物館叢書１弥生文化―日本文化の源流をさぐる―』大阪府立弥生文化博物館編・発行／『GAKKEN GRAPHIC BOOKS DELUXE㉔　復元するシリーズ①　卑弥呼の時代を復元する』坪井清足監修 坪井清足・七田忠昭執筆 学習研究社／『特別展 縄文 VS 弥生』国立科学博物館、国立歴史民俗博物館、読売新聞東京本社文化事業部編 読売新聞東京本社／「週刊新発見！ 日本の歴史」８号 朝日新聞出版／「週刊新発見！ 日本の歴史」50 号 朝日新聞出版／「週刊マンガ日本史 改訂版」１号 朝日新聞出版／「週刊なぞとき」３号、16 号、27 号 朝日新聞出版

※本シリーズのマンガは、史実をもとに脚色を加えて構成しています。

弥生《やよい》時代《じだい》へタイムワープ

2018年３月30日　第１刷発行
2022年６月20日　第９刷発行

著　者　マンガ：市川智茂／ストーリー：チーム・ガリレオ
発行者　片桐圭子
発行所　朝日新聞出版
〒104-8011
東京都中央区築地5-3-2
編集　生活・文化編集部
電話　03-5540-7015（編集）
03-5540-7793（販売）

印刷所　株式会社リーブルテック

ISBN978-4-02-331661-4
本書は 2016 年刊『弥生時代のサバイバル』を増補改訂し、改題したものです

本《ほん》の感想《かんそう》や知《し》ったことを書《か》いておこう。